求めあい 認めあい 支えあう 子どもたち

乳幼児期の集団づくり 視点と実践

編著 全国幼年教育研究協議会・集団づくり部会

かもがわ出版

装丁／高橋　哲也
本文イラスト／のがわ　みき

はじめに

本書は、「今、このとき」の子どもたち一人ひとりの願いを大切に、みんながしあわせに過ごせるクラス、園、社会をつくっていきたいと願う保育者たちが、その思いや悩みを語り合える仲間を求め、お互いの持ち味を認めあい、ときには厳しい意見も出して支えあいながら作り上げた本です。その出会いの場となってきたのが全国幼年教育研究協議会（全幼協）の集団づくり部会で、若手からベテランまで（大学院生だった私も含め）「だれもが自分の意見をもち、それを自由に表現でき、互いの違いを理解しつつも、議論を重ね、少数意見も尊重し…」（本文p. 22）という民主的な集団づくりを部会活動で追求しながら、保育における集団づくりの理論と実践を鍛えあげてきました。部会として四冊目となる本書は、保育者と保護者の集団づくりまで盛り込まれた画期的な内容となっています。

１９６０年代から全幼協は先見の明をもって、出生～学童期前期までを「幼年期」と把握して学校教育との連携を視野に入れてきました。ここ数年間に小学校低学年での暴力行為といじめの認知件数が急増している事実を、幼年教育の担い手として直視する必要があります。国連・子どもの権利委員会は１９９８年以来、日本政府に対して、「極度に競争的な教育制度によるストレスのため、子どもが発達上の障害にさらされ」、余暇や休息が欠如していると指摘し、改善勧告を繰り返してきましたが、常に他者と比べて評価され、「今」したいことは我慢、安心して本音を出せる場がない、相手がいない…そんな子どもたちの生きづらさが、行動やことばの暴力として表れているように思われてなりません。脅しや相互不信を土台として平和と安全を築こうとする政策、自分（国）さえよければ、という指導者の台頭など、民主主義の危機が子どもたちの生活に影を落としています。

けれども、現在のおとなの予測をこえて発達する可能性を秘めているのが子どもたちです。未来の世界を、現在のおとなが決めて押しつけるのではなく、目の前の子どもたちがみずから選びとる力を育て、それぞれの未来に希望がもてるように足場をつくっていく責任が私たちにはあります。

本書の実践には、昼食前にテーブルをバンバン、ブランコを替わろうとしない、タッチされてもオニにならない…など、よくある子どもの姿が登場します。お行儀が悪い?! 早く替われるのがいい子?! NO。「一緒に楽しんじゃおう！」。子どもたちがやりたがる、いやがることには必ず意味がある、きっとわかりあえるという信頼と希望をもち、その意味＝本当の思いやつもりを探って尊重し、「周りの子どもたちの力を借りて」一緒に楽しんだり、別のかたちでその思いを実現したりできるように工夫するのが集団づくりの発想です。おとな都合の「いい・悪い」ではなく、子ども自身が満足するか、周りの子も納得できるかどうかが、「集団づくり」実践者の判断基準であることが伝わってきます。考え、決める主体は子どもたち、と思いながらも、「保育者の思い通りにしてしまった」とき。子どもの表情や姿が気になって気になってしかたがない。揺れまくった結果、「ごめんね」と伝え、子どもの気持ちを最優先して「まかせる」やり直しをすると、子どもたちの表情がぱっと輝き、保育が再びいきいきと動き始めるのです。

「集団づくり」よりも「関係づくり、仲間づくりの方がなじみやすい」といわれることがありますが、私たちは、その「関係や仲間がどういう集団をつくり、何をめざすのか」を問う必要があると考えています。「仲間うち」の利益のために他者を差別・排除したり、情緒的な「なれあい関係」になって異議を唱えられず、よくない方へ流されていったりするならば、その集団、その集団を含む社会、そして、その社会に生きる一人ひとりがしあわせに暮らすことはできないからです。したがって、「集団づくり」は、仲間づくりを一つの側面、過程として含みつつ、「民主的でみんながしあわせになれる社会」に向かって、「その社会を担う人間を育成する」ことを大きな目標として、乳児期から意図的・計画的に指導するための考え方と方法とを提起するものです。

本書のタイトルは、集団を構成する関係の発展過程と指導のポイントをわかりやすく表しています。まずは人への関心を高め、一緒にいたい、一緒に何かをしたいという気持ちを育み、互いが【求めあう】関係になるように「間」をとりもちます。気になる存在から仲良し関係ができてきたら、次はその関係（ペアや小集団）どうしの「間」をつなぐ働きかけも必要になります。「気が合わない」関係があっても大丈夫。いつも一緒にいたいわけではないけれど、一緒にやって楽しそうならやる、自分と好みは違うけれど、その子はそれが好きでそうしたいんだ、ということは理解し共感する、そのような交わりや【認めあう】関係を育んでいきます。わくわく・ドキドキするあそびや魅力あるクラス運営活動がそのきっかけとなります。こうした関係を基盤として、ものごとや人の気持ち、行動を時間の変化のなかで多面的にとらえ、イメージする力がめばえてくる幼児期後期には、プロジェクト的な活動や行事が「共有したい目標」をうみだし、自然発生的、あるいは意図的につくられたグループの「内」および「間」で、頼りあい【支えあう】関係が指導によって成立しはじめます。何歳であっても、やり直すことが可能であり必要な指導過程であると考えられます。

子どもとの関わり方や保育の展開に絶対無二の「正解」はなく、常に「賭け」の要素を含むものです。どうなるかわからない不安を抱えつつ、その瞬間に賭けて仕掛ける、ときにやり直せるのは、「そのとき、どう思った？　どうしたかったの？」と聴きあい本音を語れる保育者・保護者集団があってこそだと思います。この本からみなさんに、そんな勇気と安心感が伝わることを願っています。

２０２０年　１月

服部敬子

CONTENTS

Part 1

集団づくりとはなにか

集団づくり部会のあゆみ

私たちホモサピエンスは、約20万年前にアフリカで出現したときから「集団」を形成し、協力し合いながら狩猟採集の時代を生き抜き、農耕牧畜の時代を迎えたのち、さまざまな文明をつくりあげてきました。どんな時代でも、どんな人種でも、人は「集団」のなかで生きてきました。私たちは「集団」と無縁には生きていけない生き物だからです。

そして、子どもたちの保育・教育を受ける権利が一般化した現代、子どもたちが属する集団のあり方の研究が進み、「集団づくり」という保育・教育の理論・方法論が編み出されました。人類史を考えれば、それも当然の帰結ですが、今日、民間の研究団体や研究者が、子ども同士の関係をどうつくり、どう発展させるかという「集団づくり」をテーマに研究を続けたり、全国各地の保育・教育現場で「集団づくり」をテーマとした実践がおこなわれているのも同じです。

この本は、乳児期から小学校2年生までを研究対象とした民間の研究団体である全国幼年教育研究協議会（以降、全幼協と表記）の集団づくり部会に参加している保育者・研究者が執筆・編纂したものです。集団づくり部会は１９６３年に全幼協が発足した当初から存在しており、毎月、都内で例会を開催し、夏の全国研究集会では集団づくり分科会を運営しています。また、１９７８年に『幼年期の集団づくり─理論と実践』（ささら書房）、１９９７年に『友だちといっしょって楽しいね』（あゆみ出版）、2012年に『支えあい育ちあう乳幼児期の集団づくり』（かもがわ出版）の3冊の本を発行しており、この本が4冊目になります。

この章のテーマは、「集団づくりとはなにか」ですが、これは集団づくり研究の根幹をなす部分なので、どの本でも取り上げてきました。方法論については、時代とともに、目の前の子どもたちの状況に応じて変化するものですが、根幹が大きく変わることはありません。なので、ここでは、集団づくり部会があゆんできた道をたどりながら、どんなことが書かれてきたのかを振り返ることを通じて「集団づくりとはなにか」を考えます。

「仲間づくり」から「集団づくり」へ

『幼年期の集団づくり――理論と実践』（ささら書房）では、第1章を「集団づくりとはなにか」とし、愛知県立大学名誉教授の宍戸健夫氏が執筆しています。宍戸氏は、全幼協結成当初から集団づくり部会にかかわり、今日もなお、私たちに示唆に富んだ話を聞かせてくれています。ここでは、その宍戸氏が「『仲間づくり』から『集団づくり』へ」と題し、「仲間づくり」と「集団づくり」の質的な違いについて論じながら、「集団づくりとはなにか」を解説しています。

――「仲間づくり」ということが、教育の課題として、戦後さかんにいわれるようになったのは、1950年代になってからでした。

戦後の日本の教育は、軍国主義教育にかわって、アメリカの「新教育」の理論を基調とする教育にかわってゆきました。この教育は「子どもの興味」や「自発的な活動」をたいせつにする教育であり、保育実践のうえでは子どもの「自由あそび」を中心とするものでした。子どもたちの自発性にもとづく、活発なあそびを重視したことでは正しかったのですが、そうすれば、自然に「友愛と協力が生まれる」というようなとらえ方をしていました。

「仲間づくり」の教育は、こうした「新教育」を批判し、日本の伝統的な生活綴方的教育方法をみなおすということによって生まれました。

生活綴方は、子どもたちの体験したことをありのままに表現することを指導するとともに、子どもたちの表現したものをみんなに発表し考えあうことのなかで、相互の理解を深め、仲間意識をつくりあげていくことをめざしました。このことを「仲間づくり」といったのです。子どもの生活意識を積極的にとりあげ、それを子どもたちのなかで考えあうことによって意識の自己変革をめざそうとするもので、「新教育」のなかではあまりとりあげられなかった課題でした。

この生活綴方的教育方法は、保育実践にも大きな影響をおよぼし、「お話づくり」「話しあい保育」「伝えあい保育」などのすぐれた実践を生み出しました。（小見出し略）

ところが、この「仲間づくり」の実践に批判が加えられるようになったのは、１９５０年代後半になってからです。それは「仲間づくり」が「意識づくり」のみに重点をおいているのは、情緒的に流される危険がある、もっと集団活動における「組織づくり」の課題にとりくむべきではないかということです。こうして登場してくるのが「集団づくり」の教育なのです。

「仲間づくり」は、一人ひとりの意識に働きかけ、子ども同士の相互理解と、子ども同士の交流のあり方（城丸章夫氏はこれを「民主的な交わり」とよんで、「集団づくり」の一つの側面として重視しています）などを指導していくことには成功したのですが、「民主的集団体制の組織化」（宮坂哲文）という課題には、十分とりくんでこなかったという弱点がありました。

「集団づくり」は、子どもの積極的な集団活動のあり方そのものに働きかけ、今ある集団を民主的な集団へと変えることによって、集団活動を楽しく、活発なものにしていこうとするものです。個人というものが無視されるものではありません。集団活動のなかで、個別指導が重視されると同時に、一人ひとりの要求が集団活動のなかで生かされることがたいせつです。すなわち（中略）、「一人はみんなのために、みんなは一人のために行動し、力をあわせてやりぬく子ども」たちになることです。

「集団づくり」は、また、子どもたち一人ひとりが自立していくと同時に、自分たちのクラス運営を自分たちの力でやりとげていくことのできるような自主運営の能力を徐徐に形成していくことが重要です。みんなで、話し合ってきめたきまりや約束をみんなの力でしっかり守りきることができることです。（中略）

こうして、「集団づくり」は、「仲間づくり」を一歩すすめて、子どもたちの自治集団をつくっていく教育的方法を明らかにしていったのです。

このことは、「仲間づくり」の名のもとで明らかにされた「意識づくり」や「民主的交わり」などについての指導を放棄してしまうことではありません。「集団づくり」は、これまでの教育や保育の遺産をたいせつにしながら、これからの教育実践のなかで豊かに発展させられなければならないものです。（p. 25～28）

1978年に書かれた文章ですが、今もまったく色あせていません。ここに書かれていることが、まさに集団づくりです。

集団づくりは、「生活綴方教育」という日本の伝統的な教育法に、ロシア革命後の旧ソビエトにおいて、クルプスカヤが理論化し、マカレンコが実践して一般化した「集団主義教育」の理論を重ねた理論・方法論がベースになっています。「生活綴方教育」から大きな影響を受けたのが「仲間づくり」で、そこに「組織づくり」という「集団主義教育」のエッセンスを加えたもの、それが「集団づくり」なのです。そして、「集団づくり」は時代の要請に応え、子どもたちが置かれている状況に合わせて、保育・教育現場において創意工夫が施されることにより、今日もなお変化し、発展を続けています。

集団づくりの実践とはなにか

宍戸氏は、この20年後に刊行した2冊目、『友だちといっしょって楽しいね』（あゆみ出版）の「はじめに」のなかで、「集団づくりとはなにか」について、実践のあり方という観点から、このように記述しています。

「集団づくり」の実践は、これまでの保育実践を転換させる新しい保育実践ではないか、ということです。それは、これまでのように保育者から、ああせよ、こうせよと指示したり、伝達したり、統制したりする管理型の保育ではなく、そうかといってその逆の自由放任型の保育でもない、第三のタイプの実践であるということです。

その実践は、保育者が子ども一人ひとりの自己主張を大事にしながらも、一人の問題をみんなで、なぜだろうか、もっといい方法はないかと話し合い、考え合って、その解決に向かって相互理解を深めていこうとする実践、つまり話し合い型、あるいは集団的思考型の保育といってよいでしょう。

また、話し合いのなかで、もっとおもしろいあそびや総合活動を見つけだし、やってみる。そして、失敗したり成功したりして、助け合ったり協力し合ったりしながら、楽しくみんなで育ち合う関係をつくりだすプロジェクト型の保育、あるいは、子どもたちの意図（仮説）を尊重しながら実践（実験）をとおして確かめられる（検証）という過程を大事にするという意味から、共同の仮説実験型の保育といってよいでしょう。

このように、「集団づくり」の実践は、新しいタイプの保育実践の創造を目指しているということです。

（p. 4～5）

ここで宍戸氏は、集団づくりの実践を「相互理解を深めていこうとする実践、つまり、話し合い型、あるいは、集団的思考型の保育」とし、「管理型の保育でもなく、自由放任型でもない第3のタイプの実践」だと語っています。

このとらえかたは、20世紀を代表する教育思想家と言われるパウロ・フレイレの思想に通じます。

パウロ・フレイレは、名著『被抑圧者の教育学』（亜紀書房）のなかで、教師が空っぽの銀行口座に預金をするかのように、生徒に対して一方的に知識の伝達をおこなう教育を「預金型教育」と呼んで批判しました。そのうえで、「対話のないところにコミュニケーションはないし、コミュニケーションの成立しないところに本来の教育もまた、ない。教育する者とされる者が矛盾を乗り越え、認識する対象を仲介しながら共に認識する活動を行う相互主体的な認識をつくり上げる場、それが教育である。」（『新訳　被抑圧者の教育学』p.１３０）として、相互発信的な「対話」による相互作用的な教育を支持しました。

また、「楽しくみんなで育ち合う関係をつくりだすプロジェクト型の保育」という記述は、イタリアのレッジョエミリア市で展開されているレッジョエミリア・アプローチをはじめとする北欧や中欧で展開されている子どものちいさな関心から多分野に広げていく保育実践に通じます。今日の日本でも「アクティブラーニング」や「主体的で協同的な学び」などというスタイルの教育・保育実践が奨励されていますが、ここにも通じます。ともあれ、保育者が教え、子どもが教わるという一方通行の関係ではなく、子どもたちの興味や関心を出発点に、保育者と子どもたちがいっしょに、ワクワクしながら見えない結論に向かって試行錯誤を繰り返し、その中で、みんながいっしょに育っていく…そんなことをめざそうというわけです。

これらは、宍戸氏が語る「集団づくり」の実践のあり方とかなりの部分で重なります。そして、この考え方が今日の集団づくり部会の理論的な支柱になっています。

集団づくりとはなにか

3冊目の『支えあい育ちあう乳幼児期の集団づくり』のなかで「集団づくりとはなにか」について書いているのは、この本でも同じ箇所を担当している私（高橋）です。自分が書いたところを自分で紹介することに多少の違和感を覚えますが、これまで、そういう流れで説明してきたのでこの先も続けることにします。私は、先に触れたパウロ・フレイレの論を引用しながらこのように記述しています。

人間は「社会的動物」と言われます。人間の最大の特徴が「他者との関係性の中を生きる」ことにあるからです。

ブラジル国内で、文字が読めない貧しい農民に対して「対話」による識字教育を進めた教育学者パウロ・フレイレは、世界中の人々に読み継がれている名著『被抑圧者の教育学』の中で、「もし、他人もまた考えるのでなければ、ほんとうに私が考えているとはいえない。端的にいえば、私は他人をとおしてしか考えることができないし、他人に向かって、そして、他人なしには思考することができないのだ。」と語っています。

人は誰しも他者との関係の中を生き、「対話」を通じて思考し、現実を見つめ、考察し、世界を知ってい

く と主張しているのですが、その通りだと思います。（中略）だからこそ、人と人とのつながりを再構築し、社会的動物という人間本来の姿を取り戻さなければなりません。（p．182〜183）

パウロ・フレイレのことばを借りながら、人間は他者との関係性のなかで思考すること、関係性のなかを生きるのが人間であることを説明したうえで、「集団づくりとはなにか」をこのようにまとめています。

「乳幼児期における集団づくりとは、子ども同士の関係が、一人ひとりの人格形成に大きな影響を与えるという事実に着目しながら、民主的でみんながしあわせになれる社会を構想し、その社会を担う人間を育成するという目標に向かいつつ、今、このときの一人ひとりの願いを出発点に、みんながしあわせに過ごすことをめざして、保育者が意図的・計画的に指導するための思想であり方法論である。」（p．182）

これが集団づくりなのですが、ちょっとわかりにくかったかもしれません。そこで、ここから、もう少し具体的な説明を試みます。

まずは、「子ども同士の関係が、一人ひとりの人格形成に大きな影響を与えるという事実に着目しながら」というところです。アメリカの心理学者ジュディス・リッチ・ハリス（1938年〜2018年）は、自著『子育ての大誤解』（早川書房、2000年）の中で、親は子どもの発達にとって最も重要な要因であるという信念を批判して、それらを否定する証拠を提示しました。証拠として用いられたのが「集団社会化説」です。

「集団社会化説」とは、「子どもたちは自分自身を仲間たちで形成される集団の一員とみなし、自らの行動をその集団の規範に合わせて調整する」というものです。どんな仲間と付き合うか、その仲間集団はどんな集団なのかが、子どもの人格形成に大きな影響を与えるという主張です。だから、まずは、ここに着目しようというわけです。

次は、「民主的でみんながしあわせになれる社会を構想」と続きます。子どもは自らの行動をその集団の規範に合わせて調整するのですから、その集団の規範をどのようにつくるかが重要になります。その規範こそが「民主的でみんなが幸せになれる社会を構想する」ことであり、そこから続く「その社会を担う人間を育成する」ことが集団づくりに取り組む保育者・教師の目標になります。

そして、その目標に向かう構えとして「今、このときの一人ひとりの願いを出発点に、みんながしあわせに過ごす」ことを大切にしていこうというわけで、そのために「保育者が意図的・計画的に指導する」ことが集団づくりなのです。

人間関係の希薄化という問題

ここまで「集団づくりとはなにか」について、これまでの全幼協集団づくり部会の出版物をもとに検討してきましたが、ここからは、集団づくりの今日的意義について考えていきます。

今日、人、モノ、お金などの国境が取り払われるグローバル経済が加速しています。その恩恵のほとんどは世界的な大企業が独占、それにより「富の一極集中」が進んでいます。富める者はより富んで、貧しい者はより貧しくなっています。

それによる社会不安の高まりを抑制する手立てとして、為政者たちは、声高に〝自国第一主義〟を叫んでいます。「自国第一」ということばの耳触りのよさは、ナショナリズムを刺激し、利己主義や排他主義が世界中に広がっています。それにより、移民の排除や宗教間対立が激化し、社会的弱者やマイノリティの人々に対するヘイトスピーチなどの差別的行為も増加するなど、人々が反目し合う構図がさまざまな形で形成されています。

今や、誰しもが活用しているSNSにおいても、匿名性が高く、拡散しやすいなどの特徴から、誹謗中傷による炎上が後を絶ちません。身近な人々のチャットやインターネット通話のコミュニケーションツールであるラインなどのアプリでも、送ったメッセージが「既読」になっているのに返事が来ない「既読スルー」が、特に中高生の間でいじめや仲間外れに発展する問題が生じています。既読したらすぐに返信しなくてはいけないという暗黙のルールがあるからです。

大人社会でも、メッセージへの対応などに過剰に気をつかわなければならない状況が広がっており、このようなわずらわしさ、表面的な人づきあいの苦しさが、個食、一人カラオケ、一人旅などの「おひとりさまブーム」につながっています。

人間関係の希薄化がとどまることなく進んでいるのです。

キーワードは「民主主義」

大人社会における人間関係の希薄化は、子どもたちにも多大な影響を及ぼしています。厚生労働省の「自殺対策白書」（２０１８）によれば、15～39歳の各年代の死因の第1位は「自殺」で10～14歳においても、1位の「悪性新生物」に続く2位となっています。15～34歳の若い世代で死因の第１位が自殺となっているのは先進国では日本のみです。そして、文部科学省の調査によれば、２０１７年度の小中学校、高校、特別支援学校におけるいじめの認知件数は、32万件を超えて過去最多でした。

このような状況から、子どものコミュニケーション能力をどう育てるかなどが、教育の課題として話題になります。しかし、その前に、子どもたちの鏡となる大人社会のありようを見直さなければならないのではないでしょうか。子どものコミュニケーション能力の高低を論じる前に、大人社会において、さまざまな人格が認められ、一人ひとりの人権が尊重されるようになること、そういう社会に近づけていくことのほうが重要なのではないでしょうか。

社会を変えるのは容易ではありませんが、そういうことを思い描きながら、目の前の子どもたちと対峙し、現状のなかで、私たちができることをして、伝えられることを伝えなければならないと考えます。保育者にはそういう役割も課せられているのです。

保育者には何ができ、何を伝えられるのか。私たちはそのキーワードを「民主主義」だと考えます。民主主義とは、「国民主権」「基本的人権」「法の支配」「権力の分立」など、「国のあり方を決める権利は国民が持っている」と考える政治体制ですが、現代は、それに加えて、人間の自由と平等を尊重する立場のことをいいます。誰もが自分の意見をもち、それを自由に表現でき、互いの違いを理解しつつも、議論を重ね、少数意見も尊重しながらも、最終的には多数の意見に従って結論を出し、それにはみんなで従うが、不都合が生じたら、新たに議論する…というのを繰り返すことでもあります。

子どもたちの関係にあてはめれば、「みんなのことはみんなで話し合って決め、そこで決めたきまりや約束をみんなの力でしっかり守りきる」ことになります。そういうことを年齢や子どもたちの関係の質などに合わせて柔軟に進めていこうというのが集団づくりの基本なのです。

「民主主義」は、古代ギリシャから始まり、さまざまな人々が犠牲を払いながら獲得した政治体制であり、人々の自由と平等を尊重する思想です。世界的に見ても、この国の中でも、民主主義は危機的な状況の中にあります。だからこそ、今を生きる私たちには、「民主主義」を人類の宝物として後世に伝える役割があるのではないでしょうか。

なかよく、楽しく過ごす生活をみんなで追求するのが「集団づくり」

私たちの「集団づくり」は、乳幼児期の子どもたちの「民主的な交わり」に着目します。そのなかで、他者への信頼を獲得し、それをベースに、違いを理解し、そこを乗り越え、みんなが幸せになれる関係をめざし、それにより、将来、よりよい社会を構築する担い手になってほしいという保育者の願いを重ねたものです。

わかりやすくいえば、「みんながなかよく、楽しく過ごす生活をどうつくるかを、みんなで追求していこう」ということです。

集団づくりの3つの柱

ここまで、「集団づくりとはなにか」について、集団づくり部会の歴史も含めて語ってきました。ただし、具体的な内容についてはまったく触れてきませんでしたので、最後に少しだけ触れておくことにします。なぜ、少しだけなのかというと、この後に続く、「視点」と「実践」の中でたくさん語られているからです。

集団づくりは、子どもたちの「関係性」のなかに生まれる教育力に依拠して一人ひとりの豊かな育ちと集団の発展をめざすものですから、集団で過ごす園生活のほぼすべての場面と密接につながります。そこで、私たちは①あそびと集団づくり、②生活と集団づくり、③行事・プロジェクト活動と集団づくり、の3つに分類し、それぞれで大切にしたいことを抽出し、そこに年齢を加味しながら研究課題としています。年齢にかかわる部分については、0・1・2歳と3・4・5歳に分けてそれぞれ記述しているのでそちらに譲ることとし、ここでは、この3つの概略を説明します。

①あそびと集団づくり

乳幼児期の主導的な活動といえば、「あそび」以外には考えられません。子どもはあそぶために生き、あそびのなかで生きていくうえで必要な知識や技術を習得していきます。一人であそぶときでさえ、友だちがやっていたことを模倣するなど、友だちの影響は大きいものがあります。子どもは友だちから直接いろんなことを学ぶのです。それは、友だちといっしょにあそぶことがことのほか楽しいからです。そして、この楽しさが、子ども同士をつなげていきます。もちろん、ときには思いがすれ違ってぶつかり合うこともありますが、そこにも多くの学びがあります。

ですから、今、子どもたちがどんなことに関心を示していて、どんなあそびだったら、どんなふうにあそべばより楽しくなるかを、子どもと保育者とで考え、ルールを決めたり、必要に応じて変更するなどしていくなかで、みんながより仲良くなり、園生活がより楽しくなっていく…。そんな集団を組織していくことをめざすのです。

②生活と集団づくり

子どもたちは、あそんでいない場面では、食べたり、トイレに行ったり、着替えたり、寝るなどの生きていくうえで必要な行為に取り組んでいます。これをここでは「生活」と呼びます。そして、子どもたちは生活のそれぞれの場面のなかでも多様にかかわり合います。いっしょに食べたら楽しいとか、昼寝のときにコソコソ話をしたら楽しいとか、毎日の生活のなかにはそういうことがあふれています。

また、自分のことだけでなく、友だちのためにしてあげたいという思いも広がって、それがお手伝いや当番活動などにもつながっていきます。自分たちの生活を運営するために必要なことは自分たちでおこなう…、そのための活動を私たちはクラス運営活動と呼んでいます。4、5歳児クラスの当番活動や係活動などがその典型です。そうやって、自分たちだけの力で生活をつくることを「自治」と言いますが、その萌芽のようなものを生活の中で、そして、クラス運営活動の中でつくりあげていくことをめざすのです。

③行事・プロジェクト活動と集団づくり

たいていの園では、運動会や発表会などさまざまな行事がおこなわれています。いっさいの行事はおこなわないというところでも、一部の子どものなかで自然発生的に生まれた活動をみんなの活動に高めていく、いわゆるプロジェクト型の活動に取り組むこともあるでしょう。あらかじめ、日程が決まっていてもいなくても、目標を決めてみんなで取り組んでいく行事やプロジェクト活動では、それらを成功させるという大きな目標もありますが、その過程のなかでお互いを理解し、友だちのすてきなところを自分のなかに取り込んだり、困っている友だちを思いやったり、そういうことがたくさん起こります。そのなかで子ども同士の関係を深め、集団の質を高めていくことをめざそうではないかというわけです。

これらの具体的な実践や年齢ごとに大切にしたいポイントなどは、この後に書かれています。引き続きお読みいただき、そこから、集団づくりの大切さや奥深さ、そして、保育実践の楽しさをくみ取ってください。なお、子どもの名前は一部を除き仮名、もしくはアルファベットで表記しています。

（高橋光幸）

〈参考文献〉

・パウロ・フレイレ著　三砂ちづる訳『新訳　被抑圧者の教育学』亜紀書房　２０１１年
・全国幼年教育研究協議会・集団づくり部会『幼年期の集団づくり――理論と実践』ささら書房　１９７８年
・全国幼年教育研究協議会・集団づくり部会『友だちといっしょって楽しいね』あゆみ出版　１９９７年
・全国幼年教育研究協議会・集団づくり部会『支えあい育ちあう乳幼児期の集団づくり』かもがわ出版　２０１２年
・ジュディス・リッチ・ハリス著　石田理恵訳『子育ての大誤解』早川書房　２０００年

Part 2

集団づくりの視点と実践

Chap 1
視点

0・1・2歳の集団づくり
―「人とかかわる力」の基礎を築く

大人との安心・信頼の関係を築きながら子ども同士のかかわりへ

人とのかかわりのなかで、人は人らしく育っていきます。誕生と同時に子どもは養育者と気持ちをかよわせ、そこでつくられる安心・信頼の関係をもとにして、人とのかかわりを広げ、深めていきます。誰もが集団の成員になっていきますが、しかし、いきなり乳児期から「集団」にかかわるわけではありません。そのかかわりの基礎がつくられるのが0・1・2歳のころであり、発育・発達に応じてのことです。発育・発達が、かかわる力の基礎づくりを呼び込んでいるという見方もできます。養育者との関係から徐々に子ども同士の関係へ、その育ちと発達の関連をみていきます。

幼少時に得る安心感・信頼感

0・1・2歳のころは、なんといっても身近な養育者の愛情を全身に受け、まなざしを交わし、鼓動を感じ、声やことばを聞き、ぬくもりにつつまれて育つときです。子どもにとっての養育者は、いつもそばにいて、自分をまるまるわかってくれて、何があっても守ろうとしてくれる人。子どもは養育者に、揺るぎのない安心や信頼の感覚をもつようになります。

養育者は、人格形成の有力なモデルにもなります。「私は、あなたでできている」といっても差しつかえない時期が幼少のころにはあるものです。その後の多様なかかわりが他の誰でもない私を築いていくのですが、それは「あなた」が多彩になったということで、「あなた」を身にまとって「私」はできていることに変わりはありません。「おらだば、おめだ」「おめだば、おらだ」（若竹千佐子）という関係のなかで、人は自分をつくっていきます。人にとって、かつての養育者と養育のありようは、もはや意識はされない「あなた」になっていくのかもしれませんが、しかし自分のなかに歴然と根をおろし、何かの折にヒョコッと顔をのぞかせるものです。自分に影響を与える数多の「あなたたち」から養育者が消え去ることはないでしょう。

理屈なしに愛されたころの感覚は、生き続けます。養育者は、母に限らず、かかわった大人たちです。

「言うことを聞く」のは子どもか大人か――子どもの権利条約「意見表明権」

国連子どもの権利条約（1989年）には、12条「子どもの意見表明権」があります。年齢や発達に沿った自由な意見の表明が約束されています。幼い子どもならその意見は、泣く、ぐずる、表情、しぐさ、身振りなどであらわされることになります。楽しいことをもっとしたいという意味では笑うことも表明でしょう。けれども表明はしたが受け止めてもらえず、応えてもらえないとしたら。それでは意見表明なんぞまかりならん、という時代やその感覚とさして変わらないことになります。

意見の表明は、応えてもらって初めて「権利」になるのです。大人は、言うことをきかない子どもに頭を抱えるけれど、子どもからすれば、子どもの言うことを少しも聞こうとしない大人だって相当問題です。したがって現在、国連子どもの権利委員会は、12条を「意見を聞かれる権利」とも表します。

大人と子どもが呼びかけ合い、応え合う

いっさいの世話を大人にゆだねなければならない人間の赤ちゃん。立ち上がって歩くまでには1年以上もかかります。しかし、歩行を始めるころには、手を使う、ことばを話すなど人間としての特別な能力を発揮するようにもなります。ほんのわずかな期間に視覚・聴覚・触覚・味覚・嗅覚の五感をはじめ、全身運動・手指の操作・ことばの獲得などたくさんの機能を次々とめざましく発達させるこ

とができるのは、むしろ驚異といえます。

人間の赤ちゃんは、多種多様の泣き方や笑い声でサインを繰り出し、養育者を養育に向かわせます。生まれながらにして大人を養育に引き込む力と技があるのです。そうしてお互いを愛しく思う愛着の「関係」が育ちます。

大人と子どもが呼びかけ合い、応え合う関係を通して子どもは育ちます。親鳥とヒナが頃合いを同じく、卵の中と外からつつき合って殻を破る「啐啄同時《そったくどうじ》」を思わせます。人間の子どもは、何度も何度も殻を破って育ちます。

新生児期〜3か月：まなざしでかかわる・気持ちを通わせる

生後4週間は新生児期とされています。生まれたばかりの赤ちゃんは、耳は聞こえ、まだ焦点は合わないけれど目も見えています。人の声を聞き分け、人の目をさぐり、注視して声を出します。人と相互にかかわる力を備えて生まれてきている証です。社会とかかわる用意ができているのです。語りかけ、歌いかけ、あやしてくれる養育者との情動的な交流がとにもかくにも大切です。

新生児は、全身を「屈曲」させていますが、心地よいときには緊張をゆるめ、ギュッと握っていた手を開き、喃語を発し、ほほえみます。発達は、心地よさのなかでうながされるのです。慣れない環境を受け入れ、なじむにつれて心身はのびやかに「伸展」へと向かいます。

4か月：めざましい発育・発達は「正面を向く」ことから始まる

生後2～3か月ごろまで、子どもは仰向けに寝かせたときに正面を向きません。頭のてっぺんから足先まで体の中央にタテ線を描くと、その「正中線」をはさみ、左右の手足の向きや、ヒジ・ヒザの角度はバラバラです。左右の手足は「非対称」であり、顔はどちらか伸びた腕の方を向きます。脳はまだ育っていないので、自分の意志でこうしているわけではありません。体の向きも動きも、いのちをつなぐ哺乳さえも、それらをうながすのは刺激に反応する「原始反射」です。

大脳が育つにつれ原始反射は消えていきます。「意志」がいっさいを仕切るのです。子どもは、正面を自らの意志でとらえるようになるので、大人の正面からの働きかけに応じ、ほほえんだり笑い声をたてたりを盛んにするようになります。これも啐啄同時といえるでしょう。かくして姿勢は「左右対称」となり、首のすわり（定頸《ていけい》）がうながされます。首のすわりは、注視から追視へと視界を左右・上下にみるみる広げ、発声には力がこもり、上体を起こす姿勢によって流動食を可能にします。そしてこの後、片側の手足が正中線を越えて、寝返りへと進んでいきます。

というわけで、正面を向く姿勢から、心身の発育・発達の怒涛の進化は始まるといってよいでしょう。投げて直球、受けてストライク、正面から向き合えるこのときに、もしも大人があさってを向いていたとしたら…。大切な時期を見逃さず、かかわっていきたいものです。

6〜8か月：人に、モノに、自らはたらきかける

寝返りからずりばい、おすわりへ、全身運動はますます発達します。「目と手の協応」により見たモノをつかむようになり、自らモノにかかわっていきます。いっしょにあそんでくれる大人が大好きで、声を出して笑いかける一方、人を見わける力が育ち、人見知りをするようになります。自分のことをわかってくれている人とそうでない人を判別するのです。「いないいないばあ」のあそびをとても喜びますが、それは「ばあ」のあとには大好きないつもの顔が見られるから。もしも、まさかの顔だったらどうでしょう。判別する力は、それまで人形にも笑っていたのにそうしなくなることにもあらわれます。人とそうではないものの区別ができるようになるのです。

そして他児に興味・関心を示すようになります。ようすをジッと見たり手で触ったり、それから顔を見合わせて声を出し、笑う姿が見られるようになります。子ども同士、存在やようすに共鳴し、反応する共振の関係であり、共感関係の一歩前の姿といえるでしょう。仲間との関係づくりの幕開けです。

10か月：指さしで「ことば」を発する／まねっこがおもしろい

おすわりからハイハイへ、移動の自由を獲得して子どもの世界はぐんと広がります。「モノ」にも大人のすることにも興味津々、スプーン、歯ブラシ、ハサミにペンと大人の行為を見て道具の意味や使

い方をだんだんに理解し、模倣するようになります。まねっこやマテマテ追いかけっこ、ボールころがしなど共同を楽しむあそびが増えます。子ども同士では、モノの取り合いが見られます。

このころ、大人が指さしたほうを子どもが目で追い、「大人」と「子ども」が同じ「モノ」を見る三項関係が成立するようになります。大人が「ワンワンだよ！」と犬を指さし、子どもはそれを見て犬を認知し「ワンワン」ということばを覚えます。指さしとことばは密接な関係にあり、やがて子どものほうから見つけたモノを指さして大人に知らせ、大人が「ブーブーいたね」「葉っぱがあるね」とことばにして応えることで子どもはモノと名前を次第に認知していきます。「アッタ・イタ」の「発見」の指さしには見つけたうれしさがこめられるでしょうし、「～がほしい・～をしたい」という「要求」の指さしには、強い思いや願いがつまっていることでしょう。それに応えてもらって大人との関係がいっそう深まります。ことばの獲得は、気持ちの通い合う大人と、具体的な対象を指さすことから始まります。

その後、1歳後半には、大人に「○○ちゃんのコップはどれ？」と聞かれて子どもがコップを指さして答える「可逆の指さし」が見られるようになります。「たずねる・こたえる」が逆になり、子どもが答えられるのは、モノとことばを理解しているからです。視線と指さしによる「対話」の成立を示してもいます。大人に応えてもらうときも、子ども自身が答えるときも、そのあとに必ず子どもは相手の大人の目を見ます。回答と自分と相手の関係を、確かめるかのようです。

ことばは、モノとその名前がわかった後に出てきます。「帽子」がわかって、「ボーシ」と言います。

意味があってのことばです。

1歳：「いっしょが楽しい」／触発し合う関係へ／大人の顔を見る

「ワンワン」「ブーブー」「マンマ」などの一語文を発し、ことばからそれをイメージ（表象）する力が育ち、実際にミカンがなくてもミカンを思い浮かべて食べる「ふり」をする行為がみられるようになる1歳児。自分の名前がそろそろわかってきます。

大人のすることを再現する行為やあそびが増えます。ハイハイから高バイ、つかまり立ちや伝い歩きを駆使して転落の危険があるところへ行ったり、また、ヘアーアイロンやハサミなど事故につながるようなモノにもせっせと手を出すので、「だめよ」「いけません」と注意されたり叱られたりすることが俄然多くなります。

友だちとは、同じモノを見て笑顔を交わしたり、同じ動作を楽しんだりなど、触発し合い共感する関係が芽生えてきます。一人がテーブルをたたきはじめるとそれに合わせてみんながテーブルをたたくというような「同調行動」が見られるようになります。いっしょが楽しいのですから、叱ってやめさせるよりも受け止めつつ切りかえをうながすほうが子どもの思いにそった対応になるでしょう。白井礼子実践「『なんかたのしい』『いっしょがうれしい』」は、このあたりに詳しくふれています。

1歳前後の子どもは、不確かなことに出合うと大人の「顔（表情）」を見ます。そのまなざしには「コレはしてもいいの？　いけないの？」などの問いや確かめがこめられています。子どもは、大人の「顔」を参照して判断します。その後、「顔」を見続ける子どもになるのか「顔」に依拠しながらも自分で考え判断する子どもになっていくのか、それは大人の子ども観やかかわり方によります。

1歳半：発達の節目／探索活動／おもちゃの取り合い／かみつき

人間の特徴は、二足歩行、道具（手）を使う、ことばを話すことにあります。それができはじめるのが1歳半のころです。ジブン（自我）がわかってきて、ジブンガ（デ）スル、ジブンノモノという主張をするようになるのです。人やモノや自然への関心が増し、目的をもった行動ができるようになってかかわりも世界も広がります。探索活動が活発になります。佐藤敦実践「いっしょに散歩」は、散歩や戸外での活動を通して育つ子どもの姿が綴られています。

ジブンのしたいことがはっきりしてくると、それを叶えようとするがために人とぶつかることも多くなります。友だちとは、おもちゃの取り合いが顕著です。あるだけのおもちゃを誰にも渡さず、両手に抱えて過ごす子や、同じおもちゃがいくつもあるのに友だちが持っているモノがほしい子がいます。おもちゃを取り合うといっても子どもの思いはいろいろです。おもしろいあそびが見つけられないのかもしれないし、おもちゃを手にしている友だちに関心があるのかもしれません。「かして」と言えることは大事だけれど、十分あそんでいないのに「いーよ」といわなければならないのは理不尽でしょう。一人ひとりの思いをさぐり、発達の状況をよく見てかかわる必要があります。
《ある園の1歳クラス。Bちゃんの使っているぬいぐるみをさっと取るAちゃん。怒って取り返そうとするBちゃん。保育士が「Bちゃんが使っていたのだから返して」とAちゃんに言うとぬいぐるみを放って、大声で泣き出すAちゃん。クラスのなかが静まり、みんなの視線はAちゃんに集まりました。するとEちゃんが近くにあった手さげ袋を「どうぞ」とAちゃんに渡し、FちゃんがAちゃんのタオルをもってきて渡し、EちゃんがAちゃんの頭を「いいこいいこ」。いつも泣きだしたら長引くAちゃんが、泣き止んで絵本を見はじめました。保育士がEちゃんとFちゃんにありがとうと言うと照れて保育士に抱きつく2人です。》
ぬいぐるみが欲しい、先生に注意された、取ったことは悪かったみたい…Aちゃんはこんな思いだったでしょうか。ことばにはならず、泣くしかないAちゃんを見て友だちがしたことは、〔手さげ袋であそぶといいよ〕〔タオルで涙を拭いて〕でした。これは保育者と子ども、子どもと子どもの日常の関係づくりがあってのこと。この一部始終を見てまたみんなが育つでしょう。
取り合いがもとで「かみつき」が起こることもあります。なぜかみつくのかは、子どもが自分の思いをことばに表現できないのですから、文脈や状況から察するしかありません。ワサワサ落ち着かない環境、外あそびができないなどのイライラ、相手に関心があるから、と原因は一様ではないし、家で子どもにかみつかれた保護者が登園するなりその跡を見せてくれて、「かまれた理由が思いあたらない。通り魔的犯行です」と言うように、わからないことも多いのです。どんなときに起きるのかをよく見て、「原因に対処」する必要があります。ひとり離されて、かむ子も痛みを感じていることはないでしょうか。

相手の感情に共感し、意図がわかって「みたて・つもりあそび」をするようになったら、あれほど頻回だったかみつきが止んでいたというケースもあります。一語文から二語文へ、ことばで思いを表現できるような働きかけはもちろん大切です。野仲由布子実践「ことはちゃんのつもりの世界」は、保育者のていねいなかかわりと、ことはちゃんの成長を伝えてくれます。

2歳：自立と「イヤ」／ジブンガ選ぶ・ジブンデ決める／みたて・つもり

2歳時には、コレをしたい、ジブンガ決めてジブンデする、という意図（つもり）がはっきりしてきます。大人の指示や世話が自分のつもりをはばむ壁になると思えば、「イヤ」と拒否するようになります。たとえば晴れの日にお気に入りの長靴を履くつもりでいる子とやめさせようとする大人がいます。主張を否定されるということは、自分を否定されるということ。そのうちに気配を感じただけで子どもは「イヤ」と言い、大人もムキになるなら収拾のつかない事態に陥ります。子どもの主張は、自主・自立の気概の表れとわかってやって、「そうしたかったんだね」「そうだよね」と肯定し、話はそれからにしてみましょう。コレへのこだわりは、「アレもあるよ。どっちがいい？」と2つのモノや方法を教えてやれるチャンスでもあります。「こんなにかっこいい靴があるよ」と2つの靴を見せて選ばせるのもいいし、いっそ長靴を履く、を選んでもいいのです。晴れの日にはあそびづらいと実感すれば子どもは自分から切りかえます。手間ひまかけた、体験を通してのたしかな学びです。

コレからはじまり、「もう1つ」のコトやモノを知るのは、唯一・絶対のしばりから自由になることを意味します。世界は複雑で、広くて豊かです。そこに向かう力を蓄え、準備を始める2歳です。

《早朝に登園の2歳児Yちゃんの話です。転んで泣く子の足をさすってあげるようなやさしいYちゃん。でも不安定なときもあります。母は療養中で、父が2人のきょうだいを世話しています。お父さんと登園したYちゃんが別れ際に「ぎゅうして」と抱っこをせがんだのですが、お父さんはそのまま行ってしまいました。不安そうな目で追うYちゃんを保育士が抱き上げ「窓からバイバイしようか」と声をかけて門から出ていく父親を見送りました。それからくすぐりっこや絵本を読んで過ごしました。次の朝、Yちゃんが父と別れるときに保育士のところにきて「まどからバイバイする」と手を伸ばしてきました。昨日と同じように抱っこで手を振って、それからあそび始めました。》

父との関係しかないYちゃんに拠り所がひとつ増えました。知らせたのは保育士です。感じて考えて支えてもらって、自分で選んで決める2歳です。

バスの運転手になったつもりで大きな丸いお皿をハンドルにみたて、誕生日会のつもりで積み木をケーキにみたて…と具体的な生活体験をもとにした「みたて・つもり」あそびが始まります。保育者は、バスに乗って動物園へ、お誕生日会にはお客さんを呼んで楽しいパーティーへ、とあそびを広げ子どもをつなげていきます。イメージを共有し、ウキウキワクワクの共感関係が広がります。

このあとの野仲由布子実践「きっと楽しい毎日になるよ！」は、子どもたちの思いを受け止め、〝荒れた〟２歳児クラスを楽しいあそびでつながるクラスにしていく保育の記録です。また、武藤栄治実践「順番がわかる第１歩――〝次〟を知る」は、コレの次はアレ、と見通しがもてるようになる時期にどのように順番を知らせていくか、順番の意味を問い、そのかかわりについて提起します。

（柿田　雅子）

〈参考図書〉

・乳児保育研究会編『改訂４版　資料でわかる乳児の保育新時代』ひとなる書房　２０１５年
・保育小辞典編集委員会編『保育小辞典』大月書店　２００６年
・若竹千佐子『おらおらでひとりいぐも』河出書房新社　２０１７年

実践 0 歳児

「なんか楽しい」「いっしょがうれしい」
——気持ちと気持ちを響かせ合うとき

墨田区・公立保育園
白井　礼子

気持ちと気持ちがつながった！

0歳児12名、担任4名（前半5名）のクラスです。

入園時は泣くことが多かった子どもたちも、保育士との安心した関係ができてくると、笑顔ですごす時間が増えてきました。そして、ハイハイをしたり伝い歩きをしたりして、自分の好きな場所へ移動してあそぶ姿が多く見られるようになってきました。

室内にある手作りのトンネルに入っていった子どもに、保育士がトンネルの窓から「ばあ」と顔を出すと、「あは」と笑顔が見られます。こっち側からあっち側からと交互に顔を出し、「ばあ」「ばあ」と何度も繰り返すとさらに笑顔が広がって、「楽しい」「おもしろい」という気持ちが伝わってきます。また、穴おとしの容器になかなか入らないチェーンがポトンと入ると、うれしそうに顔をあげ、保育士の顔を見ます。「ポトンしたね」「じょうずね」と手をたたくと、子どもも手をたたいて喜びます。

そのようなとき、子どもと保育士の気持ちが響き合っていることを実感します。

子どもの安心感や心地よく過ごせる生活を土台にしながら、子どもと保育士の気持ちがつながるような場面を重ねていきたい、そして子どもと子どもの気持ちが共振する関係へとつなげていきたいと考えました。

♪おかいもの　♪おかいもの　～おんなじが楽しい

夏が過ぎるころ、高月齢児は1歳を超えました。トンネルあそびや穴おとし、マラカスあそびなどで楽しい思いをたくさん表してきた7月生まれのなつきくん。遊具棚から手さげバッグを持ってきて腕にかけて歩きます。「なつくん、お買い物いくの？　いいねぇ」と声をかけるとうれしそうにニコニコ。押し入れ前においてある階段（牛乳パック製の段差）を上り下りして出かけていきます。そのようすを見ていたもえちゃん（5月生）は、そそくさと遊具棚へ行ってバッグを手に取り同じように腕にかけます。保育士の顔を見ながら歩き始め、まるで「みてみて」と言っているかのよう。「もえちゃんもお買い物行くの？　なつくんとおんなじだね」と声をかけると、「うん」とうれしそうに答えながら、階段を上り下りします。

ともやくん（7月生）も、お友だちがやっていることに興味津々。「うー（あれが欲しい）」となつきくんを指さします。「ともやくんもバックが欲しいの？」と聞くと「うー（そう）」とのこと。「ほら、あそこにあるよ」と言われ、キョロキョロしながらバッグを見つけ、バッグを腕にかけ2人の後を追います。「ともやくんもお買い物いってらっしゃい」と言われ、ニコニコ。3人で顔を見合わせては「うふ」

とうれしそうです。おんなじことがうれしくて、うれしい気持ちを確かめ合っているように見えました。ときには、まさくん（5月生）やりりちゃん（5月生）も加わり、バッグを持ってぞろぞろと歩く姿もありました。

バッグをいっぱい持ってお出かけ

秋の終わりごろには、夏にはまだ歩いていなかったとしくん（11月生）たちもバッグを腕にかけ、室内を歩き回って楽しむ姿が見られるようになりました。それまで高月齢児がバッグを持って歩く姿を、「いつかジブンも」と思いながら見ていたのでしょう。みんながみんな、どこか誇らしげな表情で、バッグをかけた腕を高々と上げながら歩く姿は、とてもほほえましいものでした。

ここちゃん（6月生）は、バッグを5個、6個とたくさん腕にかけ、まるでバーゲンセールの帰り道のよう。「ここちゃん、バッグ、いっぱいだね」「たくさん、お買い物したの？」と声をかけられると「うん」とニコニコうれしそう。そんな姿を見て、よしえちゃん（5月生）もバッグをたくさん腕にかけ、ニコニコしながら保育士の顔を見ながら通り過ぎていきます。「お買い物ですか。いってらっしゃい」と言われ「うん」とうれしそうに出かけていくのでした。

テーブルバンバンだって、楽しんじゃおう！

食事前、早くご飯を食べたいようすのなつきくんは「はやくごはんちょうだ～い」というかのように、テーブルをバンバンとたたきました。たたいてから「あれ？　おもしろい！」と思ったようで、今度はニコニコしながら〝バンバンバン〟。その音に共鳴させるかのように、たくまくん（10月生）が笑顔で〝バンバンバンバン！〟。するとなつきくんもうれしそうにさらに〝バンバンバン！〟。そうなると、もえちゃんもここちゃんもまさくんも、みんなで顔を見合わせながらしています。はじめは保育士の顔をちらっと見ていたなつきくんやたくまくんも、もう保育士の顔なんて見ません。友だち同士でニコニコと顔を見合わせながら、それはそれは楽しそうにテーブルをたたいています。

こうなると止まりません。そこで「♪おおきなたいこ　どーんどーん」と歌いながら保育士もいっしょに楽しみました。歌いながら、テーブルをたたきながら、顔を見合わせニコニコしている子どもたち。でも、2回くらい歌ってたたけば子どもたちは満足し、歌が終われば「バンバン」も終わりになりました。

楽しみ方はさまざまだけど「いっしょが楽しい！　ステージごっこ」

押し入れ前の階段は、ハイハイのときも、歩けるようになってからも人気の場所です。上っては下りる、段に座って眺めを楽しむ、段に立って「おーい！」「あー」と大きな声を出してみるなどしています。みんなで段に座って、「いないいないばあ」のペープサートを見たり、手あそびをしたりとみんなが集まる場所にもなっていました。そして、手あそびや歌を歌った後に保育士のまねをして「じゃーん、じゃーん、じゃーん」と礼をして頭を上げるしぐさも楽しんでいました。

もうすぐ進級の3月、マグネットのおもちゃをマイクのようにして歌って退場するあそびが盛り上がりました。段差に上がり「ぞうさん」や「おもちゃのチャチャチャ」を歌っては、「じゃーん、じゃーん」と礼をし、保育士が口ずさむ曲に合わせて退場して、室内を一周してまた段差に戻ってくるのです。それまでもマラカスを持って数人で歌を歌ったり礼のしぐさをしたりするあそびを楽しんでいたのですが、退場する動きが新鮮だったのでしょう。楽しそうな雰囲気につられ、周りの子どもたちもあわててマグネットのおもちゃを持ってあそびに加わってきました。

楽しみ方はさまざまです。歌が大好きなようちゃん（10月生）は、普段は、自分の好きなものでじっくりとあそんでいることが多いのですが、このあそびには参加。みんなのところにきて、手を上下させ、身体を揺らし、歌の語尾を歌って楽しみます。ともやくんは、マグネットのおもちゃを長くつなげることにこだわります。みのりちゃん（9月生）は、保育士におもちゃを渡しては受け取ることが楽しいようす。まさくんは、マグネットのおもちゃをマイクではなくて聴診器のようにしておなかにあてながら、みんなの横にいて、退場の音楽がかかるといっしょに室内を歩いて友だちと笑い合います。

友だちのまねっこをして、同じしぐさを楽しむ姿もあれば、同じ場所にいて自分のあそびを楽しんでいるようすもあります。それでも、友だちと顔を合わせては笑い合って、楽しさを確かめ合っているようでした。

子どもたちは、「なんか楽しい」「なんかおもしろい」という思いを友だちと共有し、笑い合ったり、真似をしたりすることで気持ちと気持ちを響き合わせ、共振し合っているように見えました。

「共振し合う関係」から「模倣」や「同調」でつながり、「共感し合う関係」へ

1歳児クラスに進級したころ、あそびのようすが少し変わってきました。なつきくんがままごとの食材やジュースなどを手さげバッグにぎゅうぎゅうに詰め込んでお出かけへ。それを見ていたここちゃんがまねっこして同じように手さげバッグにたくさん詰め込んで出発すると、ともやくんもまさくんも続きます。バッグを持って押し入れの「さん」に横並びに座ったり、パーツを並べてバスにして数人で乗ったりして、「……まーす（いってきまーす）」とお出かけごっこやバスごっこを楽しんでいました。友だちと触発し合い、みたて・つもりが芽生えて、「おんなじ」や「まねっこ」が一段と楽しくなってきた子どもたちでした。

0歳児クラスのときには、まだ、ことばにはならないけれど、「なんかおもしろい」と共振し合って笑い合い、気持ちと気持ちを響き合わせていた子どもたち。「いっしょが心地いい」「友だちが好き」という思いを感じていたようです。その心地よさや友だちが好きという思いが友だちとかかわる力の土台となり、「おんなじ」や「まねっこ」の体験につながって、「楽しいね」「おもしろいね」と共感す

る関係に発展していくのだと思います。

実践1 歳児

いっしょに散歩

東京都・公立保育園
佐藤　敦

私の園は、近くに川が流れ、畑や公園などがあって自然環境に恵まれています。

1歳児クラスは、9人です。担任は2名です。4月当初は、当然のことながら、新入園児は保護者から離れがたくて大泣きし、進級した子どもたちも環境の変化にとまどい、甘えることが多くなっていました。新しい環境に1日でも早く慣れて、保育園生活を楽しめるようになってほしいと思いました。そのためには、自然豊かな環境をいかして、たくさん散歩に出かけ、景色をながめたり、探索したりして、新鮮な空気をお腹いっぱい吸わせてあげよう、と決意しました。

散歩では、自然のものにふれる機会を多くもちたいと考えました。ほぼ1年中どんぐりが落ちている広場もあり、どんぐりが好きな子どもたちは土に埋まっているどんぐりまで見つけては、つまんであそび、草花を摘んだりもしました。

室内の空間もじっくりあそべてよいのですが、外の空気にふれると子どもたちの顔はさらに、いきいきしてくるように感じるので、少しでも戸外に出るようこころがけました。

子どもたちの体調やようすを見ながら行き先を決め、ほぼ毎日、散歩にでかけました。

土手がのぼれた!

春は、園のまわりをグルっとまわったり、カメを飼っている近所の家まで行ってカメを見せてもらったりする程度でしたが、少しずつ距離をのばし、出かける回数を増やしていきました。夏が過ぎ、秋ごろには、天気が良ければ、毎日散歩に出かけるようになりました。

1月の散歩でのできごとです。保育士と手をつないで歩く子と散歩車に乗る子に分かれ、近くの川に向かいました。20分くらいで到着です。土手は大人でもがんばらないとのぼれないほどの傾斜（約30度）ですが、そこをのぼってあそびました。急な坂なので、大人といっしょに手をつないでのぼるか、地面に手をついて四つばいでのぼるか、ほとんどの子がそのどちらかなのですが、ひろくんとはるきくんは、12月ごろから1人で立って歩いてのぼれるようになっていました。

そんななか、れいちゃんは途中までは1人でのぼれたものの、そこから先にのぼることができず「あぁぁーーー」と助けを求める声を出しました。私は、のぼってくる子たちを土手の上にいてむかえ、もう1人の保育士は別の子と手をつないでのぼっているところでした。そこで、れいちゃんの近くにいたはるきくんに「はるきくーん、れいちゃんと手をつないでのぼってほしいんだけど」とお願いしてみたのです。はるきくんは、〝わかった〟という表情ですぐにれいちゃんのところに行き、手をつないでのぼり始めました。でも、少しのぼったところで動けなくなり、2人で困ったような顔をしていました。私は、がんばった2人のところにかけ寄り、いっしょに上までのぼりました。のぼるとさっきまでの困った顔がうれしい表情に変わりました。

数日後、また同じ土手に出かけ、また同じことが起こり、はるきくんにれいちゃんの救出をお願いしました。すると今度は、前回のように尻もちをついたり立ち止まったりすることがありません。〝すごいな！　いい調子！〟と思いながら見守りました。

そして、みごとにのぼりきったのです。

土手の上に着いて、はるきくんとれいちゃんは、「キャーー！」と歓声をあげました。私は2人のところに行き「すごいね！　すごいね！」と言っていっしょに喜びました。はるきくんの顔は、少し照れながらもどこか誇らしげです。1歳児も仲間と共に生きています。1歳児も友だちのことを考えているのです。困っていたら大人が助ける姿をふだんから見ていて、助けてもらえるという安心感や、困っている友だちがいたら助けようとする気持ちが育ってきているのではないかと思います。友だちと「できた！」と、喜び合う関係や体験を大事にしたいと思いました。

1歳児クラスの冒険――「あれはカワザウルス?」

3月に同じ土手に行ったときのことです。今までは気づかなかったのですが、川岸のほうに枯れた草が一面に広がっている場所がありました。草の高さは子どもたちのおなかくらいです。そこには、前に通った人がいるのか、道のようなものができていました。そこのなかに、ひろくんが入って行きました。さやかちゃんとれいちゃんが続き、その後をみんながついていきました。冒険ごっこの始まりです。

すると、川が気になるのか、れいちゃんが川のほうに行こうとしましたが、川は危険なので「川のほうに行きたいの? でもあぶないよ。落ちたらケガしちゃうよ。こっちであそぼう」と言うと、れいちゃんは「やぁ! やぁ!」と嫌がりました。そこで「あれ? 川のほうで、なんだか大きいのがヤァとかワァとかいっているのが聞こえるよ。こわいなぁ」と言ってみました。それを聞いてさやかちゃんが身ぶり手ぶりで「おおきいの? ワァがいるの?」と乗ってきたので、「そうだね」と私が応えました。さやかちゃんが「おおきいの。ワァ」と何回も言うので、近くにいた子どもたちは、〝ん? なに?〟というような表情で川のほうを見ました。

次の瞬間です。大きなカワウが子どもたちの視線の先、川の真ん中くらいに優雅に舞いおりてきたのです。

「あっ!」と驚く子や後ろにさがる子、あまり興味がなくて違う所を見ている子と、反応はいろいろです。もう1人の保育士が「あれはカワザウルスだ」と言いました。「カワザウルス?」「カワザウルス!」

「カワザウルス！」と子どもたちの大合唱が始まりました。まさるくんとひろくんは、こわくなってしまったようです。「こわくないよ。あれはみんなに会いにきてくれたんだよ」と言うと、少し気持ちが落ちついたようで表情が和らぎました。

ひとしきりながめてから保育園に帰る時間になったので、みんなでカワウに「バイバーイ」と言って帰ることにしました。散歩車をとめた場所には、ふだんは何もないのですが、何かを燃やしたあとの灰が直径1メートルくらいの大きさの円になって残っていました。それを見つけたはるきくんが「うんちだ」とさけびました。それを聞いて何人かの子が「うんち、うんち」と言い始めました。私は「これ黒いしー、もしかしたらカワザウルスのうんちじゃない？」と言いました。〝えっ！〟と一瞬、静かになるまさるくんたち。さきほど見たカワザウルスのうんちをイメージしたようです。はるきくんたちは、笑顔で「うんち、うんち」と言い続けています。

保育園に向かって歩きながら、私が「カワザウルスいたね」「うんち大きかったね」と言うと、なおくんやさやかちゃんが「いた」「いた」「あった」とニコニコしながらこたえました。

そうしてもう少しで保育園に着くというとき、な、な、なんと、またしてもカワウが飛んできて、目の前の電線に止まったのです。なおくんが「あ！　カワザウルス!!」とさけびました。さやかちゃんたちは、指をさしながら「アッ！　アッ！」と言っています。りくとくんは、こわいようです。「こわくないよ。だいじょうぶだよ。みんなにさよならって言いにきてくれたんだよ」と言って、保育園にもどりました。

戸外では、予想もしないことに出あいます。まさかの状況でカワウが登場する（しかも2回も！）など、大人もビックリの散歩となりました。保育者があそびをおもしろがり、子どものようすを見ながらいろいろ仕掛けていくのも大事だと思います。みんなでいっしょに小道に入りこんで、〝カワザウルス〟をめぐって、ワクワク・ドキドキ感を味わう冒険となりました。

1年を振り返って

1年を通していろいろな場所に散歩に行くことができました。歩行がしっかりしてきて、探索活動も活発になりました。そして、子どもたち同士のかかわりも少しずつ育ってきたようです。1月ごろまでは、まだまだ保育者との1対1のかかわりが多かったのですが、3月ごろになると仲間を意識し、友だちのことばやあそびに関心をもつ子が増えてきました。何かあってもあまり興味を示さなかった子たちが、〝ん？〟〝なにかおもしろそう〟と友だちの「発見」に近づいていくようになりました。自然のなかの活動だからこそと思います。

子どもの姿を観察し、子どもの気持ちをくみとって、そこに寄りそう保育をこころがけました。まだことばが出ない子には、表情やようすをしっかりと受け止めてその思いをことばに変え、そして友だちとの関係がつくれるように仲立ちをするようにしました。笑い合ったり、おもしろがったりする喜びをたくさん経験でき、大人もいっしょに楽しめた1年になりました。

実践 1 歳児

ことはちゃんのつもりの世界
――つもりが生活をゆたかにし、他者の理解へ

東京都・私立保育園
野仲　由布子

はじめに

私は、０歳からのもちあがりで１歳児の担任になり、21名（男児10名、女児11名）の子どもたちを、担任４名と保育補助員１名で保育しています。０歳児のときから、一人ひとりが要求をしっかり出し、成長をみんなで喜び合い、ていねいにかかわることを大事にしてきました。１歳児になった今、自我が芽生えるこの時期の子どもたちをまるごと受けとめ、安心できる生活と楽しいあそびを通して笑い合い、子どもたちが「いっしょが楽しい」と思えるクラスにしたいと思いました。

ことはちゃんの〝つもり〟をつなげて

６月生まれのことはちゃんは、０歳児から入園してきました。体が大きく何をするにもパワフルな女の子です。気に入らないことがあると大の字にひっくり返って全身で感情を表現し、楽しいことがあると大声で笑って喜びをあらわします。４月、新入園児が不安いっぱいで泣いているのがどうも気

になったようで、そばに行っては押したおします。ことはちゃんは力が強いのでちょっと押されただけで相手の子は吹っとんでしまいます。また、となりにいるだけでかみついてしまうこともありました。そんなわけで、ことはちゃんのいるところには泣き声がたえません。その都度「どうしてかんじゃったのかな？ かんだら痛いんだよ」と相手の気持ちを伝えるのと同時に、ことはちゃんの、ことばにならない思いをくみ取ろうと努力を続けたものの、目が離せない日々が続きました。

進級児とはいえ、ことはちゃんにも甘えたい気持ちや、受けとめて欲しい思いがいっぱいあるのです。そこで担任同士、連携をとり、ことはちゃんが行くところにはさりげなくそばに行っていっしょにあそぶようにしました。それは、「見張る」のではなく、ことはちゃんといっしょにあそびながら、友だちとの楽しいかかわりを経験させたいと思ったからです。ことはちゃんが手を出しそうになるときは、「○○したかったの？ △△がいやだったのかな？」と、気持ちをことばにしていきました。そして、何か起きそうなときは「ことはちゃん、どうした〜？」と声をかけると、手を出すのをグッとこらえ相手の子の頭をなでて顔をのぞき込み、にっこりする姿も見られるようになりました。「ことはちゃんやさしいね」と声をかけると「ウン」とうれしそうにしていました。それを見たまわりの子どもたちも、ことはちゃんを囲んで頭をなでてあげてました。〝やさしいね〟は、ことはちゃんにとって心地よくきらりと光る魔法のことばのようでした。担任だけでなく、友だちにも頭をなでてもらったことはちゃんは、心地よさを感じたのだと思います。

しばらくすると、ことはちゃんのかみつきや突きとばしはだいぶ減ってきました。そして「ミンナオイデ～ゴハンダヨ～！」と砂場で友だちを誘ってあそび、腰をかがめて友だちがしていることを「ジョウズ～!!」と笑顔で拍手する姿がみられるようになりました。それがかわいくてほほえましくて、ぎゅっと抱きしめると、ことはちゃんはにっこり笑ってくれました。表現が豊かなことはちゃんのあそびは楽しく、友だちもいっしょに笑うようになりました。

ある日のことです。ままごとコーナーには数人の子どもたちが集まり、思い思いにバッグに食材を詰めたり、人形をおんぶしたりして楽しんでいました。しばらくして「ココ！　ココ！　イイヨ！」の声が響いたかと思うと、突然ウワ～ン！と泣き声がし、床に大の字になって怒ることはちゃんの姿がありました。どうやら、自分がすわっていた手作りのソファーのそばにいた友だちに、席をゆずってあげようとしたのに友だちはソファーに興味はなく、ままごとのキッチンであそぼうとしていて、好意を受けとめてもらえなかったようです。そばで見ていた担任は「〇〇ちゃんにすわって欲しかったんだね、でも〇〇ちゃんはお皿を洗いたかったんだって。先生がすわってもいいかな？　△△ちゃんもいっしょにすわってみる？」と近くにいた子を誘ってすわってみました。すると泣くのをやめて立ちあがり、パンパンにつまったバッグの中から食材を取り出して、お皿に並べ「ドウゾ～」とごちそうしてくれました。それまで、てんでにあそんでいた子どもたちも、「イレテ～」「タベテ～」と集まってきました。そこで「次はケーキをください」「ジュースはありますか？」とあそびを広げてみると「ハイアリマス　コレドウゾ」「コンビニ　イッテクルカラ　マッテテ」など、ことはちゃんの〝つもり〟の世界をきっかけに、みんなが〝なんだか楽しい〟を共有し、つながって楽しむ場面へと変化していきました。

ことはちゃんの頭のなかの〝つもり〟を理解するのは、むずかしいときもあります。それでも保育者が少しでも理解したいと思い続けることが大事だと思います。

「ソウタノオテテ　タベタ」ことはちゃんの告白

ある日、園庭あそびを終え、順番にテラスで足を洗っていたときのこと。ことはちゃんとそうたくんが2人並んでうれしそうに足を洗ってもらっていました。ところが突然そうたくんが泣き出し、足を洗っていた私が顔を上げると、そうたくんが人さし指を出して「イタイ…イタイ」といい、その横でキョトンとしていることはちゃんがいました。私はとっさに「ことちゃん、かんだの？　かんだら痛いんだよ」と伝え、ことはちゃんの足洗いを別の保育士にお願いして、かまれたそうたくんの手当をしました。

なんでかんだのだろう、うれしそうに並んでいたのに…。何があったのだろう。すると、ことはちゃんの足を洗い終えた保育士が「ことはちゃんが、『ソウタガ　コウヤッテ！』と私の前に指をさし出したので、それでガブッとかんだの？　って聞いたら『ウン』と言ってました。どうもそうたくんが自分から指を出したみたいです。そして、ことはちゃんが『タベタノ』と言うんです。もうおかしくて…」と笑いながら伝えてくれました。すぐにことはちゃんのところへ行って「タベタの？」とたずねると、ことはちゃんはニコニコして「ウン、ソウタノオテテ　タベタ！」。

そうなんです。ことはちゃんはかんだのではなく、差し出されたから「食べた（…）」だけだったのです。「かんだ」も「食べた」も似たような行為ですが「かみついた」のではないのです。ことはちゃんがキョトンとしていた意味もわかりました。ニコニコしながら「タベタ」と告白することはちゃんがあまりにもかわいくておかしくて大人たちが笑っていると、子どもたちも「タベタッテ～！」と大笑い。そうたくんも「ココタベタッテ～！」とゲラゲラ笑っていました。ことはちゃんの足を洗ってくれた保育士が、ことはちゃんがどうしてかんだのか、意味を探ってくれなかったら、こんな笑いにはつながらなかっただろうと、あらためて同じ思いで保育する大切さを知りました。

つもりの世界でステキな自分に気づく

やんちゃで自由気ままなりゅうくんは、タオルが片時も離せません。あそびに夢中になっているとタオルはそっちのけのこともありますが、ひとたび機嫌が悪くなるとタオルの力がなければおさまりません。保育士は落ちているタオルを見つけると「ほら、りゅうくんの大事な大事なタオルだよ。あってよかったね」とわたしたり、背中にぶら下げてあげたりしていました。ふざけて頭の上に乗っけて「♪いいゆだな～」とやると、りゅうくんはさっと頭の上からタオルを外し「バアー！」とケラケラ笑っています。そんなようすを見ていることはちゃんや子どもたちは、落ちているタオルをみつけると当たり前のように「リュウチャン、ダイジ　ダイジダイジダヨ」と、同じようにタオルを背中につけたり、頭に乗せてあげたりして去っていきます。

まさやくんはなぜかままごとの木製のナスがお気に入り。登園してくると「ナス！　ナス」と言ってさがします。それをひとしきり握りしめたままあそんでいます。でも、登園したときにはすでにナスは他の子が使っていて大泣きになってしまうこともあります。ことはちゃんはそんなまさやくんに、まさやくんが登園するとすぐにままごとコーナーに走って行き、ナスをもってきて「ハイ！　マーチャンノ　ドウゾ」とわたしたり、誰かが使っていようものなら「ナス、マーチャンノ‼」とうばい取って「ハイ！」とあげたりするのです。半ば強引ではありますが、友だちのつもりや所有がわかってきたからの行為で、友だちのつもりにこたえる自分はステキな自分、と感じているのだろうなと思いました。

まとめ

ことはちゃんとのかかわりから、つもりが生活を豊かにし、他者の理解を広げていくことを改めて学びました。子どもたちの行為や行動には必ず理由があります。1歳児は、友だちに関心をもち、友だちとつながるよろこびを感じられるようになるからこそぶつかり合うのです。そんな思いをしっかり受け止めつつ、心地よい関係をはぐくみ、仲間のなかで笑い合える楽しい経験を重ねられるようにすることこそ大事ではないかと考えます。

2歳になったことはちゃんは、さらに友だちのお世話ができるステキな自分に気づき、せっせとお手伝いをしては「ありがとう」と言われて喜ぶようになりました。特に、りゅうくんのことを気にかけ、りゅうくんが地面に大の字になって怒りを爆発させるとき、ことはちゃんやまわりの子がりゅうくんに寄りそって「リュウチャンドウシタノ?」「コレホシイノ?」と、ことばをかけている姿を見かけるようになりました。1年前はことはちゃんが保育士にしてもらっていたことを、そのままりゅうくんにしている姿に、思わず笑ってしまいながらも、誠実にかかわってきたことが本当によかったと思います。そして、なにより友だちとの心地よい関係をつくってきたことが、ことはちゃんのどうにもならない葛藤を「友だちがすき、友だちといっしょが楽しい」気持ちに変えたのだと思います。友だちやまわりの大人から肯定されたうれしい経験があるからこそ、友だちにも同じようにかかわろうとするようになるのだと。

思うようにいかないこともたくさんありますが、これからもさまざまな場面で、ことばにならない思いを受けとめていこうと思います。

実践 2 歳児

順番がわかる第一歩
——〝次〟を知る

さいたま市・公立保育園
武藤　栄治

はじめに

2歳児18名（男児9名・女児9名）、担任3名のクラスです。

夏ごろから、おでかけごっこ、お医者さんごっこ、温泉ごっこなどを保育士と、また子どもたち同士で楽しむ姿が見られるようになり、経験したことを表現したり、自分のイメージをことばにして伝えたりして、ふだんは物や場所の取り合いが多い子たちも、ごっこあそびではトラブルなくやり取りできるようになりました。

その一方で、あそびや生活のなかで「順番」をどのように伝えていけばいいのかと考え、悩みながら取り組んだ1年でした。そのなかで、2歳児の時期に必要なことは〝次〟を知ることだと気づき、それを強く意識しながら実践に取り組むことになりました。

「かして」も「やだよ」もどちらの気持ちも尊重したい　～縄ブランコを通して～　10月ごろ

《ブランコやりたい！》

戸外に出ると「ブランコやる～！」と言って、縄ブランコを設置するように要求する女の子たち。縄ブランコとは、ブランコの代用として鉄棒に縄をくくりつけたもので、主に2・3歳児が楽しんでいます。安全面への配慮として、鉄棒の下にマットを敷いています。

はじめは、2つの縄ブランコにななちゃんとゆうちゃんが乗りましたが、ゆうちゃんが少しブランコから離れたすきに、のどかちゃんがブランコに乗ってしまいました。もどってきたゆうちゃんは、ブランコが使いたいことを泣いて訴えます。ぼくは、のどかちゃんはここぞとばかりに乗り続けて、きっとしばらく代わらないだろう、のどかちゃんに今、声をかけても逆効果になるだろうと思い、しばらくようすを見ることにしました。のどかちゃんは「まだつかってる！」と主張します。そこへ、いろりちゃんとらいかちゃんも「やりたい」と言ってやってきました。まさに、カオス状態。しかし、ななちゃん、のどかちゃんともに「やだよ」「つかってるから！」と代わるようすはありません。しばらくそのようなやりとりが続き、ぼくは「じゃぁ終わったら貸してね」と声をかけるにとどめました。

保育士に言われて代わるのではなく、1、2、3と数をかぞえて代わるのでもなく、自分で満足して次の人に代わってほしいという思いがあって、このようなかかわりをしました。しかし、〝満足するまでってどのくらい時間がかかるのだろうか。その間、待っても待ってもブランコに乗れない子の気持ちはどうなのだろうか〟〝満足するまで乗っているときには、自分の気持ちが尊重されると感じるものなのだろうか。それとも待つって大変だから、待っている人がいるときにはすぐ代わってあげようと思うのか〃〃いや、ただ早く乗りたい、なんで代わってくれないの、という気持ちでいっぱいになってしまうのではないだろうか〃との思いが駆けめぐり、2歳児にとってどのようなかかわりをすればいいのだろうかと自問自答を繰り返しました。

早く友だちに貸してあげられる子が「いい子」で、なかなか貸してあげられない子が「悪い子」とレッテルは、はりたくないので、代わってあげた子に「えらいね。お姉さんだね」などのことばかけはしないようにしよう、この気持ちだけはブレずにもち続けていました。

そんなときに、「いっしょに乗るという提案をしてみたら」というアドバイスをもらいました。

《いっしょに乗るっていうのはどう?》

次の日、昨日と同じように女の子たちが「ブランコやる!」とやってきます。よしきた! とばかりに準備を始めました。最初に乗っていたのは、ななちゃんといろりちゃん。「かして」といろりちゃんに向かって言っているゆうちゃん。「やだ。まだのったばっかり」といろりちゃん。今日もこのようなやりとりが続きます。しばらくたってから「またおわったら、かしてくれる?」とゆうちゃんに言ういろりちゃん。「うん」という返事が聞けると「はい」とブランコを代わってあげました。いろりちゃんは、すぐにぼくのところに来て「おわったらかしてくれるっていったから、いろりかしてあげたんだよ」と言うのです。いろりちゃんは、いま貸してもまたあとでできるという見通しがもてたのかもしれません。

そして隣では、ななちゃんとさくらちゃんで「かして」「やだよ」のやりとりが再び始まりました。ここで、「ななちゃん、さくらちゃんといっしょに乗るっていうのはどう？」と声かけをしてみると、ななちゃんは少し止まって、「さくらちゃん、いっしょにのろう」とさくらちゃんを誘ったのです。そして2人でブランコに乗り始めました。2人で乗るため1人のときのようにうまくこぐことができなくて、すぐマットに落下してしまいますが、2人は顔を見合わせ笑い合っています。そんな乗り方を数回笑いながらしていました。

ところが、ななちゃんが「やっぱりひとりでのる」と言って、1人で乗り始めたのです。しかし、今回は長時間ではなく、少し乗ると「なな、おしまいにする」と言ってさくらちゃんに代わっていました。

そのようすを近くで見ていたいろりちゃんは「かえでくん、いっしょにのろう」と誘いかけ、かえでくんも「うん」と答え、いっしょに乗り始めました。やはりすぐ落ちてしまうのですが、そこには笑顔が。「おもいおもいおもい！」といろりちゃん。「隣ですわって乗るのはどう？」と提案すると2人横並びですわり、こぎ出します。やはりすぐに落ち、いろりちゃんが「つぎはひとりでのる」

と言い、かえでくんも納得して、一人乗りに変えました。

「いっしょに乗ってみたら?」ということばですべてがうまくいくわけでもありませんが、少しの時間でも笑い合えて楽しい時間を子どもたち同士で共有できたことは、前の日のかかわりとは違っていたと思うのです。また「隣ですわって乗るのはどう?」と提案するのではなく、「どうしようか?」ということばかけにすればよかったかなとも思います。

貸すことができる、貸すことができないという「できる・できない」の視点ではなく、いっしょに楽しむという視点で子どもたちのかかわりをみることによって、保育士としてのかかわり方も変わってくるのだということに気づきました。別の視点をもってくる大切さを感じた場面でした。

〝次〟を尊重したいのに… ～じゃれつきあそびを通して～ 12月ごろ

16時45分になると、0・1・2歳児は1歳児室で、3・4・5歳児は2歳児室での合同保育が始まります。この時間になると子どもたちは疲れと、早くお迎え来ないかなという気持ちも相まって、担任の膝や背中や腕にベターともたれかかってくるようになります。そこからぼくと子どもたちのじゃれつきあそびが始まります。

我先に「やってやって!」という子どもたち。「うん、みんなにやるからね。最初は○○くん。次は○○ちゃん。次は…」と、子どもたちに伝えていきます。抱っこやおんぶ、ぐるぐる、ジェットコースター、人間メリーゴーランドなど子どもたちは自分がしてほしいことを自分の番になるとぼくに伝えてきます。

れいなちゃんは自分の番が、誰がやったあとに回ってくるということがまだわからないのか、それともすぐにやってほしいのか、1人が終わるたびに、自分の番ではなくても手を伸ばして「やって」と言っていました。「れいちゃんは○○くんが終わったらやるからね。れいちゃんは抱っこがいいのかな？　ぐるぐるかな？」と声をかけるのですが「うん？」とあまりわかっていないようすです。そのうち待っていることができず、他の子がやっているあそびに移っていきました。そして本当だったられいなちゃん、という番になりました。でも、〝この場で待っていなかったしな～、けれどやりたいという気持ちはあったんだよな。他のあそびをしているれいなちゃんに番が来たよと声をかけるべきかな。他のあそびをしているというわけではないいな。あそびを探し歩いている状態だな。「順番が回ってくる」ことを経験するにはれいなちゃんに声をかけよう〟〝でもそうしたら、次だと思っているたいとくんは「どうして!?」と怒るだろうな〟とぼくの気持ちは揺れ動き、葛藤しながら、「れいなちゃん、次はれいなちゃんの番だよ。やる？」と声をかけました。「やる!!」ともちろん返ってきます。「待っていると必ずできるんだよ。れいちゃんはなにをやる？」と投げかけたのと同時に、案の定、たいとくんから「つぎはぼくだった!!　れいちゃんはいなかった」という声があがりました。たいとくんに、次はれいなちゃんだと伝えていなかったことをあやまりましたが、もちろん納得できず、「いやだ！　つぎはぼく!!」と訴え続けるのです。「れいちゃんが終わったら、次は絶対たいとくんだからね」と半ば強引に、納得してもらったと自分に言い聞かせ、れいなちゃんとのじゃれつきあそびに移りました。

れいなちゃんに、待っていれば順番が回ってくるということを経験させたいばかりに、たいとくんの気持ちをおろそかにしてしまいました。そしてこのかかわりでは、れいなちゃんは待ったという実感のないままでのじゃれつきあそびになり、〝次〟を知ることにはつながらなかったと思います。〝次〟がわかり、期待をもって待っていたたいとくんにこそ、順番が必要でした。れいなちゃんにはもっと少人数のなかで、れいなちゃんが好きなことで〝次〟がわかるかかわりが必要だと考えました。

〝次〟を知るきっかけに　～折り紙を通して～　2月ごろ

折り紙をやっている子たちを見て、「折り紙やりたい！」と言いに来たれいなちゃん。すぐに折り紙を渡してあそび始めることもできたのですが、今、渡してもそのままグシャッと丸めて終わりになりそうなこと、あそんでいる子たちがもうすぐおしまいにしそうなことが予想できたのと、〝次〟を知るきっかけになるかもしれないと思い「うん、やろう！　○○ちゃんが終わったら、次にれいなちゃんやろうね。ここで先生の隣にすわって待っていよう」「何つくろうか」と声をかけながらいっしょに待ちました。折り紙をしていた子がおしまいにし、れいなちゃんの順番となり、「○○ちゃんが終わったから、次、れいなちゃんだね。終わるまで待っていたね。じゃあ何つくる？」と声をかけると、「ちゅーりっぷ！」と前にやっていた子と同じものを作りたいと言うれいなちゃんでした。待っている間、何つくろうかと考え、やっている子のようすを見ていたことが伝わってきました。

おわりに

発達上、「自分」と「他者」とを線引きするといわれている2歳児ですので、私がいて、あなたがいてという関係の中で、〝次〟を知る機会が生まれることがわかりました。今後、この関係をもとに〝次の次〟〝次の次の次〟の見通しや理解が育っていくよう支えたいと思います。また、一人ひとりが、順番は平等にまわってきてうれしいという経験を重ねていくことで、自分に番がきてうれしいなら、○○ちゃんも番がきたらうれしいのだと他者へ目が向いていくことにつながると思います。

順番とはガマンを強いること、ととらえられることもありますが、決してマイナスなことばではありません。子どもたちにとって、待っていると楽しいことができる、みんなができて喜び合える、というまさしく幸せになることばなのだと思います。一人ひとりを大切にし、ワクワクしながら〝次〟を楽しみに待ち、代わってもらった心地よさを味わえるような活動やかかわりを大事にしていきたいと思います。

実践 2 歳児

きっと楽しい毎日になるよ！
――安心の場所で、楽しく過ごすことをめざして

東京都・私立保育園
野仲　由布子

はじめに

2歳児クラス18名を担任3名と午前中のパート保育士の4名で保育しています。

昨年、私はフリーとして各クラスの補助に入っていたのですが、そのときの1歳児クラスは、自由にあそびを選ぶ環境が設定されていなかったり、子どもを注意する大人の大きな声がしたりするクラスでした。ていねいな保育とはほど遠いなかで、子どもたちは友だちにかみつき、ひっかき、おもちゃを取り合うといった荒れた空気の保育室でした。そのクラスを2歳児で受けもつことになりました。この子どもたちと「友だち大好き、いっしょが楽しい」経験をたくさんして、笑って過ごせる毎日を送りたいと思いました。

とにかく受けとめて、楽しくあそべるようにすることから始めよう！

4月、担任は、私の他に、前クラスからの持ちあがりで2年目のI保育士と、同じ法人の他施設か

ら移動してきた7年目のS保育士です。3人で、これまで子どもたちがどのような状況で過ごしてきたのか振り返り、子どもたちの行動にはどれも意味があることを共通理解して、とにかく丸ごと受けとめることから始めました。

まずはじめに、子どもたちが楽しんであそびを選べるよう、ままごとのコーナー、パズルなど落ちついてあそべるコーナー、ブロックなど構成あそびのコーナーをつくりました（それまでは保育士が出したものだけであそんでいました）。子どもたちは喜んでとびついたものの、予想通りすぐに、すべてのものをあっちこっちにばらまきケンカが始まりました。子どもたちには、一つひとつに「～したかったの？」「ほしかったね。でも、○○ちゃんが使っているから貸してって言って、先生といっしょに待っていようね」「これはどこであそぶんだっけ？　あそこにいっしょに行ってあそぼうか」と受けとめては返し、そして散らかっているものはさりげなく保育士が元に戻し、気持ちよくあそべる環境をつくっていきました。

散歩では、友だちと手をつないで少しの距離の目的地まで歩いていくようにしました。これまではワゴンでの散歩だったので、部屋の前から保育園の門までのわずかな距離を歩くのさえ一苦労。ひとたび門が開けば蜘蛛の子を散らすように駆けだす子どもたち…。幸いなことに、園の周りは車の通らない広場のような場所ばかりなので、目と鼻の先の芝生に出かけることを日課にしました。

芝生に着くと自由にあそびながらいっしょにアリを探したり、花を摘んだり歌ったり、毎日同じ場所であっても、子どもたちにとっては毎回新鮮な発見や出会いがあり、共感しながら楽しみました。

ところが、帰るときがこれまた一苦労！　声をかけただけでは集まりません。給食の先生に頼んでおやつを持っていって、たっぷりあそんではおやつを食べて保育園に帰り、園庭でひとあそびして「おもしろかったね」と子どもたちの気持ちと向き合い、次の見通しを伝えながら少しずつ入室に誘いました。

朝からめいっぱいあそぶ子どもたちは、1歳児のときには考えられないくらい静かに午睡できるようになりました。担任は無事に午前中を終えることができた安堵感でぐったりでしたが、次はどんなふうにしたらもっと楽しくあそべるか、どうしたら友だちといっしょが楽しいと感じることができるのか、話し合う毎日でした。話の最後には決まって、「だいじょうぶ！　だいじょうぶ！　今をていねいに子どもたちと向き合い寄り添うことができたら、そのあとは子どもたちのほうから寄ってきてくれるようになるから。きっと今よりずっと楽しく保育できる日が来るから。大変なこともあるけど、がんばっていこう！」と励まし合いました。

一筋縄ではいかないナツちゃんはおもしろい！

5月生まれのナツちゃんは、髪の毛の一本一本が高感度のアンテナのような子。ケンカをしている子がいるとすっ飛んで行って、悪いと思う相手に一撃。余計なお世話を焼いてはあちらこちらで友だちを泣かせて「どや顔」です。もちろん担任の言うことなどすんなり聞くわけではないのですが、保育士の手伝いが大好きだったので、「ナツ先生、お願いします」といろいろ頼んでやってもらいました。子どもたちも「ナツせんせー」と呼ぶようになり、ケンカになるとナツちゃんに「○○ちゃんが、ぶった〜」などと報告。正義の味方のナツ先生は解決に向かって立ち上がるのですが、あるとき「○○ちゃんが悪いと思ったからやっつけたの？　そっかー、でも泣いちゃったね。やっつけるんじゃなくて、だめだよって教えてあげられるかな？」と伝えました。すると一撃ではなく相手の肩をガッ！　とつかんで「やめなさい！　ナツちゃんおこってるから！　わかった⁉」と〝言い聞かせる〟ようになりました。自分が夢中であそんでいるときには「ナツちゃん　いまパズルしてるからいそがしいの！　せんせいにいってきな！」と言うこともあり、担任がおかしくて大笑いしていると「なにわらってんのよ〜」とナツちゃんもニヤニヤ。みんなで笑って楽しい空気が流れることが多くなりました。

つねる、叩く、ひっかく、かみつくハルくんとトムくん

ハルくんは4月生まれで体が大きくことばもはっきりしていますが、気に入らないといきなり無表情でつねったり叩いたりすることが多い子でした。トムくんは10月生まれで、これまた隣りにいただけでかみつき、ひっかき、大好きなプラレールは一人で使いたくて、年下であろうと近づく子は片っぱしからかみつかれていました。

2人のいる場所には担任がついて「○○くんもいっしょにあそびたいんだって。先生もいっしょにあそんでいいかな？　トムくんは何線（路線）が好き？　○○くんは？」と会話しながらあそぶと「トム、ちゅうおうせんがすき。○○くんといっしょだね〜」と笑顔であそべるようになってきました。ハルくんには「いやなことがあったら、叩くんじゃなくて先生にいやだったこと言いに来てね。先生

なんでも聞いてあげるよ」と話しました。しばらくすると叩こうとするのを途中でやめて「だってね、ハルくんがつかってたら、○○ちゃんがこわしたの。だからおこったの」と、叩こうとした理由や叩かなかったわけを話してくれるようになってきました。「そっかー。くやしかったね。でも叩かなかったね。えらかったね。くやしいこと話してくれて、先生とってもよくわかったよ」と伝えると、「うん」とうれしそうにはにかむハルくん。少しずつ手を出すことが減っていきました。2人とも、わかってもらいたい気持ちがいっぱいだったのだろうと思いました。

「楽しい」が成長のエネルギー

子どもたちが少しずつ共通のイメージであそびを楽しめるようになってきたと感じてきたころに、子どもたちが大好きな絵本『三びきのやぎのがらがらどん』（福音館書店）をごっこあそびに、取り入れてみました。小さな橋を渡る子どもたちにトロルの保育士がたたかいを挑み、ときにはトロルがヤギをやっつけて勝ち誇っていると、他の子どもたちもトロルをやっつけようと一致団結してかかってくるので、たまらず保育士が倒れ、もみくちゃにされて子どもたちは大喜び。そのあそびが広がって、12月の発表会では「三びきのやぎのがらがらどん」の劇あそびをしました。

ナツちゃんは自分で小さいヤギ役を選び、声を小さく振りまでつけて、友だちがまねするほどの名演技をして見せます。ハルくんは大ヤギになり、真剣なまなざしで仲間とともに大きな声でトロルをやっつけていました。トムくんは初めからトロル役を選んで揺るがず、トロルの踊りや「そんならとっとといってしまえ～！」というフレーズをあそびのなかでも楽しんでいました。

むかえた本番、どの子も会場に手を振る余裕と笑顔。そんな姿に涙を流して喜ぶ保護者もいました。「楽しい」が子どもたちを後押ししたのだと思います。

気づくとハルくんとトムくんの攻撃的な行動がなくなり、友だちとあそび込めるようになっていました。積み木で新幹線やトンネルを作って「こんどはこっちにも、ながくする？」「じゃあハルくんがここにえきをつくるね」と、子ども同士であそべるようになりました。

ナツ先生は、おせっかいの押し売りが思い通りにならないとひっくり返って泣いていますが、友だちにやさしくなぐさめられるとケロッと立ち直り、その姿が担任にはおかしくてたまりません。

まとめ

寄り添い続けた1年間。今は子どもたちが自分であそびを見つけ、友だち同士であそびを展開しています。大人も子どもも楽しんで笑って過ごすクラスになり、保護者も行事や保育のようすを見て、自分の子どもだけでなくクラスみんなの成長を喜んでくれています。

I保育士は子どもたちにおもちゃにされながら「去年までは感じることができなかった子どもたちとの楽しい生活が、こんなにも子どもを変えるし、自分も変えられた」と話し、S保育士は、「ついつい感情的になってしまいがちだけど、子どもたちが今、どんな発達をしているのか、わかってくると、かかわり方が見えてくる。はじめはどうなるの！　この子たち！　と思って大変だった。でも楽しく過ごせるようになって、しっかり寄り添ってきてよかったと思う」と話しています。他クラスの保育士たちも「あのクラスの子が、こんなに変わるんだね～！　やることすべてがかわいくて、おもしろいクラスになってるね～」と言ってくれます。

そうなんです！　子どもたちの主体性に依拠しながら、いっしょに楽しみを見つけられるような保育をすれば、子どもたちはいつだって変われるんです。そう思わせてくれた子どもたちの成長に感謝！の1年でした。

Chap 2
視点

3・4・5歳の集団づくり
――求め合い、認め合い、支え合う

● はじめに

子どもは、生まれながらに互いを引きつけ合う引力のようなものをもっています。この引力は、幼児期になるとますます強くなります。おもしろいことやモノを共有したり、ふざけ合ったり、笑い合ったり、ときには、ぶつかり合いながらも、常に引きつけ合うのです。

ところで、幼児期と言っても千差万別、いろんな子がいます。ただ、3歳児クラスには、地球は自分を中心に回っていると信じて疑わないような子であふれているし、4歳児クラスには、みんなが自分に注目しているに違いないと不安を覚える子どもが何人かいて、5歳児クラスになれば、新しいことに立ち向かう子どもたちのたくましい姿が見られるようになります。

それぞれの年齢で、同じようでいて違うようでもあり、全然違うわけでもないけど、まったく同じということもない。男女比や月齢差などクラス構成でも変わるし、3歳児クラスのような4歳児クラスがあったり、5歳児クラスみたいな4歳児クラスがあったりもします。3歳児だから、4歳児だから、5歳児だから、ああだとかこうだとか一概に言えないところが、子どもをとらえる上での難しさであり、おもしろさでもあります。

それでも、幼児期として一般化できることはありますし、3歳児、4歳児、5歳児というくくりで一般化できることもあります。大事なのはそれをすべての子ども、すべてのクラスにあてはめず、その子、そのクラスを見るときのひとつのものさしとしてとらえることです。

ともあれ、乳児期のはじめ、ほとんどすべてを大人に依存し、限られた世界の中で生活してきた子どもたちは、安定した大人との関係を土台に行動範囲を広げていきます。そして、3歳を迎えるころから、大人に依存しつつ友だちにも依存心を示すようになります。その度合いは、4歳、5歳と歳を重ねるごとに高まり、それに比例して集団づくりの重要度も高まります。

この章では、3・4・5歳児、いわゆる幼児期の子どもの集団づくりを考える上で大事にしたいことを提示します。ここを読んでから実践記録を読めば、幼児期の集団づくりの全体像がつかめるという構成です。

●3歳児〜求め合う関係へ

「イッチョマエ」がおもしろい

ある年の3歳児クラスにひよりちゃんという女の子がいました。3月生まれであるにもかかわらず、そして、からだはクラスで一番小さいにもかかわらず、常に威風堂々とした雰囲気を醸し出していました。トイレで済ますべきことを済ませれば「せんせー○○でたあ～」と保育園中に響き渡るような大音量で叫ぶし、「ねえ、ひよりのことすきなんでしょ」なんて、誰に対しても臆することなく言えていました。自分が好きで好きでたまらず、根拠のない自信に満ちあふれるその姿が、ほほえましくもあり、うらやましくもありました。

3歳児クラスにはひよりちゃんのような子がたくさんいます。保育研究者の神田英雄さんは、3歳児を「イッチョマエの3歳児」と命名しましたが、まさに「妙を得たり」です。そして、だから3歳児はおもしろいのです。

なんでもできる自信にあふれているものの、実際にはできることはそれほど多くないから、「イッチョマエ」なのです。なんでもできると思い込んでいるので、自分のことは自分でやりたいのですが、そんなに手際よくはできないので、一つひとつのことに集中して、まじめに取り組まなければなりません。そこもまたおもしろい。

自分はすてきなのだから友だちにもそう思われたいし、自分でやりたいから友だちのこともやってあげたいので、ことあるごとにおせっかいをしたくなります。そして、そういう思いが友だちの気持ちに目を向けさせて、それにより、なかよしの友だちを求める心が強まります。

保育者には、そんな心情に寄り添い、その時々の思いを尊重しながら、自分でできることを確実にするために細やかにフォローしてあげること、ときにすれ違う子ども同士の気持ちを調整し、相思相愛になれるようなサポートが求められます。

その際、「イッチョマエ」のおもしろさを楽しむゆとりをもつことを忘れずに…。

求め合う関係をつくる

「私は私のことが好きなんだから、あの子も私のことが好きなはず」「私はこれが楽しいんだから、あの子もこれが楽しいはず」。こんな感じで、あくまでも自分を中心に他者の思いを考えるところが3歳児のおもしろいところです。ただ、これだけだと、子どもが相互に求め合う関係は生まれません。そこで、保育者の出番です。仲良しになりたそうな「あの子」と「この子」が「おもしろい」と感じる共通項を見つけ出し、「これ、おもしろいよね」とどちらにも伝える。どちらも「おもしろい」と答えたら、「ああ、やっぱり、私が楽しいからあの子も楽しいんだ」とどちらもが思う。そういうことを繰り返すなかで、何をするかよりもその子とあそぶことのほうが重要になり、多少のズレは大目に見られるようになっていくのです。3歳児はシンプルに思考する傾向が強いので「○○ちゃんと△△ちゃんって、なかよしでいいね！」などのことばが響き、それに引っ張られて求め合う関係が生まれることもあります。

子ども同士が求め合い、仲良しの関係が生まれたら「この子は、私にこんなことをしてもらいたいに違いない」という自分の信念に基づいて、その子のためになるであろうことをやってあげたくなります。でも、それは往々にして相手が求めていないことだったり、できるつもりでも、ちっともできていなかったりします。ただ、この気持ちこそが大事なのです。だから、してもらっている子が喜ばなくても、してあげようと思ったこと、してみたことを、十分に、ときには過剰に評価して「やっぱり、私は人の役に立てるんだ」と思わせてあげることが重要です。それが、仲良しの子以外の子にも目を向けられるようになることや、みんなのためになる仕事への意欲につながっていくからです。この後の小林加奈実践「ひとりより、いっしょのほうが楽しいね！」でも、こういう世界が豊かに展開されています。

順番や交代を指導する

そうなると、お手伝いが俄然と楽しくなってきます。友だちのためだけでなく、先生のためにもなれる、これは3歳児にはたまりません。だから、お手伝いしてもらうことをたくさん用意する必要が生じます。私こそがやりたい人で、そういう子がたくさんいるのでお手伝いをめぐる争いは避けられませんが、そんなときこそ、順番や交代を指導するチャンスです。「はじめに」を執筆している服部敬子さんは、「キラリと輝くことば」の大切さを説きます。2歳児は「うんこ」とか「おしっこ」とか、聞く側が顔をしかめるようなことばを発するのが好きですが、それこそが2歳児にとっての「キラリと輝くことば」だからです。3歳児には「順番」や「交代」を「キラリと輝くことば」にしたいものです。お手伝いをしたい子がいっぱいいるときや、一つの遊具を複数の子が使いたいとなったとき、私たちは「順番」や「交代」ということばを用いるわけですが、「順番」は「みんなができるステキなことば」、「交代」は、「あの子に譲れるステキなことば」、そんなふうに伝えるのです。イッチョマエの3歳児には、こういうことばも響きます。そして、ここで順番や交代がうまくできるようになることが、当番活動などを円滑に進め、子ども同士のいい関係をつくることにつながっていくのです。

ごっこあそびやルールのあるあそびを指導する

順番や交代がスムーズにできるようになればなるほど、集団あそびが楽しくなります。鬼ごっこで同じ子ばかりが鬼になっていたり、ごっこあそびで同じ子がいつまでも同じポジションを守っているよりも、順番にしたり、交代できれば、より多くの子がいろいろなことを経験できるようになるからです。

2歳児期に「みたて」や「つもり」の世界をとことん楽しんだ3歳児は、「ごっこ」の世界にのめりこみ、さまざまな「ごっこ」を楽しみます。「ごっこ」は、見たり、聞いたり、体験したり、その子その子の経験のなかから生まれます。昨今、大人の生活の多様化の反映として、子どもたちが「ごっこ」のイメージを一致させづらい事態が広がっています。「ごっこ」が大好きなのに、「ごっこ」のおもしろさを友だちと共有できないのは悲しすぎます。この課題に有用な一例を紹介します。TPOに合わせていろいろな種類のお面を用意してイメージを一致させやすくするのです。ありんこのお面をかぶって甘いものを探したり、ぶたのお面をかぶって家を建てたり、コックさんのお面をかぶって料理をつくるなどすれば、生活の多様化を乗り越えていっしょに楽しむことが可能になります。

お面は、鬼ごっこなどの集団あそびにも使えます。3歳児はイッチョマエであるがゆえ、タッチされたら本気で怒ることがよくあります。自分のルールに従って生きているのですから、他人が決めたルールに従うのはおもしろくないのです。でも、お面をかぶっていれば、ぶたがおおかみにつかまるのはしかたないし、それもおもしろいとなり、ごっこあそびと同じような感覚で楽しめるようになるのです。そうやって「ごっこ」的なルールあそびを十分楽しめば、ルールを守るからおもしろいという4歳児、5歳児の姿へとつながっていくのです。

●4歳児〜認め合う関係へ

心が揺れるから、ちょっとやっかい

4歳児を引き連れ、木製のアスレチックがある公園まで散歩に出かけたときのことです。太い紐が

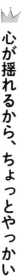

幾重にも重なる網、それがかけられた頑丈な丸太を前に、目を輝かせる子、一点を凝視して考え込む子、目を向けたのは一瞬であとはうつむいたままの子など、反応はさまざまです。目を輝かせる子たちが最初に挑戦し、その姿を見ながら考え込んでいた子たちがおそるおそる網に手をかけ、うつむいたままの子たちはその状態を保ちます。

保育室で絵を描く場面でも似たような光景が広がります。画用紙を広げた瞬間に描き始める子、そういう子の絵をのぞき見ながらぼちぼち描き始める子、真っ白な画用紙をただただ見つめる子がいます。「これならできる」「ちょっと難しいかも」「これは無理」…。周囲の状況や自分の力量を客観的にとらえ、できる、できないの判断を下し、完璧にできると思えることにのみ挑み、判断がつかないと「どうしよう…」と逡巡して大抵はあきらめ、できないと思うことには最初からあきらめるのが4歳児です。それが「揺れ動く4歳児」と形容されるゆえんです。だから、その子その子の、そのときそのときの思いを理解するのはなかなか難しい…。ちょっとやっかいなのです。

だからこそ、保育者には、ことばにならないことばを聞き取り、揺れ動く心を理解し、思いを受け止めつつ、安心して楽しく過ごせるようきめ細やかな配慮が求められます。

心が揺れるのは、他者の心情をおもんぱかれるようになった証でもあります。だから、友だちがどんな気持ちでいるのかに思いを寄せ、その思いを察して行動できるようにもなります。

集団づくりを進める上では、そのような特徴を押えつつ、慎重に、そして、ていねいに関係をつくっていくことが求められます。

認め合う関係をつくる

周囲の目を過剰に気にしたり、できないことやわからないことをできるだけ避けようとする子が増えるからこそ、子ども同士が客観的に見つめ合う関係を意識的につくっていくことが大切になります。そのためには、その子がどう思っていようが、客観的に見てこういうところがステキだと伝えつつ、それをみんなで共有できるようにする必要があります。「自分では自信はもてないけど、そうやって認めてもらえるのはうれしい」という気持ちをはぐくみ「友だちを認められる自分も悪くない」と思えるようにしながら認め合う関係をつくるのです。一人ひとりの「揺れ」に、いろんな子がかかわるがわる寄り添って、そこを乗り越えていけるよう、サポートし合えるようにしていくのです。

話し合い・グループ・当番活動などクラス運営活動を組織する

客観的に周囲を俯瞰して、友だちの気持ちを推察したり、するべきことやしなければならないことに気づくようになる4歳児クラスでは、お互いの思いをわかり合い、自分たちがするべきことなどを確認し合うための話し合いが成立するようになります。これは、自分たちのクラスを自分たちで運営するためにも大切なことです。

話し合いは、お互いを理解し、自分たちのことを自分たちで進めるためにおこなうのですが、いきなり大人数で話し合うと、意見を言う子が決まってしまい、まったく関心を示さない子が出てしまいます。なので、最初は、みんなが発言しやすいテーマにする、メンバーはできるだけ少人数にするなどの配慮が必要です。慣れてきたら徐々に話し合う人数を増やしていき、やがて、クラス全体で話し合えるようにしていくとよいでしょう。

話し合いをする単位として、また、協力して何かに取り組むチームとして、グループをつくることも大事です。人数は4人から5人くらいが適当ですが、メンバーの編成は、仲良しの子どもたちを集めるもよし、グループ間の「できる・わかる」力量が均等にするもよし、やり方はいろいろあっていいのです。その時々のクラスの子どもたちの状況やめざす姿と照らし合わせて編成しましょう。

当番活動は、自分たちの生活を自分たちで運営するための典型的な活動です。お手伝いがやってもやらなくてもいい気まぐれな活動であるのに対し、当番はやらなければならない活動です。だから、全員参加が基本です。全員参加なので全員ができることでなければなりません。テーブルを拭く、食器を配膳する、床を拭くなど、生活していく上で必要なことを当番にします。集団の規模にもよりますが、4歳児クラスでは、グループのメンバーのためのしごとをグループのなかで順番におこなう〝グループ内個人当番〟が一般的です。ともあれ、当番はやらなければならない「しごと」ではありますが、やりたくないときやできないときは、別の子が代わってあげるなど柔軟に取り組むこと、そして、みんなの役に立てている喜びを感じながら楽しく取り組めるようにすることが大切です。上田隆也実践「やりたいからこそ〝ザリガニ係〟」では、当番をこえて「係」にも取り組んでいますが、「係」については5歳児のところでふれますが、年齢発達に規定されない集団づくりの特徴なので、5歳児の課題となっていることに4歳児が取り組むこともあります。

役割あそび、ルールのあるあそびを指導する

3歳児期に「ごっこ」を満喫した子どもたちは、それを発展させた「役割あそび」を楽しめるようになります。イメージを共有してあそぶだけにとどまらず、役割を分担してより複雑にあそべるようになるからです。子ども同士の話し合いがゆたかに展開されるようになれば、どういうシチュエーションで、登場人物はどういう人で…などをより具体的に決められるようになり、それがあそびのおもしろさをいっそう高めます。必要な道具を自分たちでつくることも可能になりますし、クラスの多数が参加するプロジェクト型のあそびへと発展させることもできます。

4歳児は、「きまりを守る」ことの大切さをしっかり理解できるようになるので、ごっこあそび的なイメージをつくらなくても、ルールだけであそべるようになります。あそびの中身のおもしろさもさることながら、追ったり追われたり、隠れたり見つけたり、つかまったりつかまえられたりのおもしろさを友だちと共有することが楽しくなるからです。まずは、鬼につかまったら抜ける、ボールを当てられたら抜けるなど、単純でわかりやすいルールを決め、子どもたちと相談しながら、新たなルールを加え、だんだんと複雑にしていき、自分たちだけのオリジナルのルールも生み出すことができれば、

ルールあそびはよりいっそう楽しいものになるはずです。その楽しさは油井恵実践「楽しいね、バナナおにごっこ」が、伝えています。

●5歳児〜支え合う関係へ

本物を志向し、本気で取り組む

5歳児クラスの子どもたちとトノサマバッタやショウリョウバッタを追い回し、たくさん捕まえた帰り道。誰かが「やっぱり、せんせいはすごい。いちばんおおきいバッタつかまえたんだから！」というと、別の誰かが「ちがうよ。せんせいはバッタをつかまえるのに〝あみ〟をつかったけど、ゆうしんくんはてでつかまえたんだよ。だから、ゆうしんくんのほうがすごい！」と返しました。5歳児は大きさや数だけでなく、捕まえ方まで客観的に分析できる力を獲得するのです。そして「じゃあ、つぎにバッタをつかまえにいくときは、せんせいみたいな〝あみ〟をつくってもっていこうよ！」などと、結果を踏まえて次のことも考えられるようになるのです。本物を志向し、本気で取り組んでこそおもしろいと感じるダイナミズム、これぞ5歳児の魅力です。客観的事実に立脚して、あれこれ思いを馳せられるようになる5歳児は、他者の思いが理解できたら、そこにも寄り添えるようになります。

走力に自信があって負けず嫌いのひろくん、運動会にはママもパパも見に来てくれるし、リレーは絶対に負けたくないという強い気持ちで当日を迎えました。なので、当日、ひろくんに「わかってるよな」と声をかけました。私たちの間ではこれだけで十分ですが「わかってるよな」とは、「勝っても浮かれるな、負けてもふてくされるな」という意味です。アンカーとして登場し、一番でゴールテープを切ったひろくんは、無言でよろこびをかみしめました。リレーでは敵味方に分かれても、かけがえのない友だちであること、自分が浮かれすぎることが相手をどんな気持ちにさせるかということ、私たちのリレーはみんなで本気になって楽しむべきものであること、すべてわかっているからです。

このような心情は、クラスのみんなが信頼できる仲間で、みんなといっしょだからこそ、いろんなことができるし、より楽しく過ごせるという実体験の中から生まれます。

集団づくりを進める上では、子どもたちの「じぶんたちでできる」力を信じ、「じぶんたちでできる」ための話し合いの場や素材・道具の準備など、「じぶんたちでできる」力を最大限引き出すことが求められます。

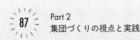

支え合う関係を築く

年長児としての自覚と誇りを感じるようになった子どもたちは、小さい子の面倒を見てあげたり、保育者の片腕としてサポートすることに喜びを感じるようになります。自分が得意なことや苦手なこと、友だちが得意なことや苦手なこともよくわかるようになります。さらに「できるかな、できないかな…」と揺れ動く時期を乗り越え「できないかもしれないけど、やってみよう」というチャレンジャーへと成長を遂げていきます。そんな時期だからこそ、できる子が教え、できない子が教わる「教え・教えられる関係」がさまざまな場面で生まれるようになります。お互いを理解し、尊重できる関係のなかで、どの子にも教えてあげられることがあり、どの子にも教わりたいことがあり、教えてあげることも教えてもらうこともうれしいと思える、まさに支え合う関係を築くことが、保育園生活における集団づくりのひとつの最終目標になります。保育者には、それぞれの個性、持ち味を十分把握し、それぞれが得意なことをいかんなく発揮できるようにしながら、苦手なことは得意な子に教えを請うようアドバイスすることが求められます。

係やリーダー活動など、クラス運営活動を発展させる

自分たちの生活の大部分を自分たちだけで運営できるようになり、それを誇らしく思うのが5歳児です。クラス全体にかかわるしごと、ときには保育園運営にかかわるようなしごとも任せてもらえて、みんなの役に立てていると感じられる活動を、みんなで考えたり、保育者が提案していくことが重要になります。

そのひとつがグループ当番です。グループ内個人当番がひとりで同じグループのメンバーのための

しごとをするものだったのに対し、グループ当番はグループのメンバー全員が協力してクラス全体のしごとに取り組むものです。食事の準備や部屋の掃除など、自分たちが生活していく上で必要なしごとは何かをみんなで話し合い、当番としておこなうものを決め、グループ単位で取り組んでいきます。グループの中で、当番の進め方を振り返って反省したり、もっと効率的に進めるにはどうしたらいいかを相談するなどし、それをクラス全体に返しながら、当番の質を上げていくことが重要ですが、どの子も生き生きと楽しく参加できるように工夫することも同じくらい重要です。

責任感が増す時期だからこそ、特定の子どもたちに特定のしごとをゆだねる「係」活動にも取り組めるようになります。当番活動は、自分たちの生活のために欠かせず、全員がおこなうべきものであるのに対し、「係」活動は、それが好きな子やそれに対する知識が豊富な子、技術が高い子などを選びます。生き物の世話や植物の栽培などが典型ですが、絵本を管理する絵本係など、クラスの子どもたちが必要だと感じ、やってみたいと思う子がいれば、いろいろな係をつくってみるのもいいでしょう。

そして、リーダー活動です。自分たちの生活を自分たちだけで運営するには、そこを仕切る存在が必要で、それがリーダーです。グループごとにリーダーを置き、そのリーダーがグループ全体に目配りし、各グループのリーダーが集まってクラス全体に目配りするという具合でクラス運営を進めることができれば、そのクラスは、まさに自治的なクラスということになります。しかし、リーダー活動を進めているつもりが、保育者の思いを察し、保育者に代わっていろいろやってくれる「都合のいい子」をつくってしまうこともあり、リーダー活動はなかなか難しいのです。クラスに特定のリーダーを置くのもひとつの手ですが、どの子にもリーダー性の芽を育てるという観点から、鬼ごっこのリーダー、描画活動のリーダー、歌のリーダーなど、得意分野でみんなをひっぱり、影響を与える分野別リーダーをつくるという方法もあります。とにかく、いま目の前の子どもたちの状況とめざす姿に立脚したクラス運営活動を組織することが重要です。武藤栄治実践「奥が深くて難しいけれど大事な『リーダーづくり』」には、このリーダーづくりに挑んだ保育者が思索を重ねる姿がリアルに描かれています。

ルールを考えたり、作戦を立てたり、集団あそびを豊かに展開する

ひとりでじっくりと取り組むことも楽しいけれど、みんなでいっしょにあそぶことはもっと楽しい…。保育園生活最後の一年は、どの子にもそんな思いをもちながら過ごしてもらいたいものです。そして、実際に、5歳児は、友だちといっしょにあそぶことを強く志向します。伝承あそびも含め、保育者がいろんな集団あそびを伝授することも大事ですが、子どもたちで相談しあって、あそびのテーマからルールまで自分たちで決めるオリジナルの集団あそびを創造するのも5歳児ならではです。たとえば、一般的には「泥棒と警官」と言われているあそびも「動物とハンター」と自分たちで変えるだけで、別のおもしろさが生まれます。

ルールを考え、創作する楽しさもさることながら、チーム対抗で競争するあそびも楽しいものです。話し合いの経験を重ねている5歳児は、チーム内で勝利するための作戦を考えることも可能になり、

それもまた楽しい活動になります。このように、みんなが参加して、みんなで考え合って、より楽しい集団あそびを創造し、一日の終わりに子ども同士で「あしたもまたやろうね！」と言い合える姿をめざしましょう。

協同的にプロジェクト活動を進める

プロジェクト活動は、子どもたちの興味や関心から生まれたテーマ（主題）に基づいて、調べたりつくったりすることを楽しみながら知識や技術も高めていく活動で、総合的活動、協同的な学びなどとも呼ばれます。

運動会などの行事に向かって、話し合いを進め、協同的に進めていくことも楽しい活動になりますが、プロジェクトの場合は、はじまりも終わりも決まっていないので、どう始め、どう終わるかも協同的に決めることになります。5歳児クラスだからこそ、子ども同士が信頼し合い、支え合える関係ができていれば、より楽しく、よりダイナミックに取り組むことができます。さらに、他のクラスの子ども、保護者、近隣住民の方々などにも参加してもらい、大々的に取り組むことができれば、まさに、保育園生活の最後を飾るにふさわしい活動になるでしょう。上田隆也実践「多様に楽しみ、多様に広がる『おばけのせかい』」はプロジェクト活動のダイナミズムを伝えています。

おわりに

集団づくりは、民主的な社会を構想し、その社会を担う人の育成をめざすという壮大な目標があります。そのために、子ども同士が民主的にかかわり、子どもたちの社会である「クラス」を、自分たちにできる範囲のなかで民主的に運営し、「自治」の萌芽のようなことを体験したり、仲間のありがたさ、大切さを実感できるようにするための活動を、目の前の子どもたちの「願い」に立脚し、現状に即してつくり出していくものです。

ところで、子どもたちの「願い」とはなんでしょう。わかるようになりたいことも、できるようになりたいことも「願い」です。甘えたい、放っておいてほしい、これも「願い」です。わかってもらいたい、認めてもらいたいという「願い」もあります。でも、毎日を安心して、楽しく、おもしろく過ごしたいというのが最上位の「願い」なのではないでしょうか。

あそびの研究者の加用文男さんは「保育という営みを私なりの言葉で一言で表せば、それは安楽さの追求です。子どもたちみんなが気兼ねなく自分自身をだして安楽に過ごせる日々を送れること。保護者にとっても、職員にとっても、そうであるような園であること。」と言います。集団づくりを進める上でも、この「安楽さ」を重要視するべきです。ところで「安楽さ」を保障しながら、3歳児、4歳児、5歳児と、それぞれの年齢に即した集団づくりを進めるためには、保育者のポジショニングが大切になります。

3歳児クラスは、子どもたちの前に立って「こんなのがおもしろいよ」「こんなことをすると楽しいよ」と伝えながら、子どもたちを先導しつつ、友だちとともに過ごす楽しさを伝える。

4歳児クラスは、子どもたちの横に並んで、「こんなことしたらどうなるだろうね」「これ、おもしろいかもね」などと相談しながら、みんなで力を合わせたり、役割を分担したりすることが、自分たちの生活をより楽しいものにしていくことを伝える。

5歳児クラスは、子どもたちの後ろからくっついていって「ふーん、それおもしろそうだね」「そんなのもいいね」など、子どもたちが決めたことを追認しながら、必要に応じて「こうすればもっとおもしろくなるんじゃない」などと助言したり、必要な素材や道具を用意するなどでサポートし「困ったら頼りなさい」という感じでドーンと構える。

「安楽さ」を追求する集団づくりに必要なのは「こうあるべき」とか「こうでなければならない」などを乗り越えて、子どもたちがみんなで生活することをとことんおもしろがり、保育者も保護者もいっしょになっておもしろがることです。そうして、子どもも保育者も保護者も、こんな仲間と出会えたことが幸せだと思える姿をめざすものです。

（高橋光幸）

〈参考文献〉

・加用文男『「遊びの保育」の必須アイテム―保育のなかの遊び論　PART 2』ひとなる書房　2015年

実践 3 歳児

ひとりより、いっしょのほうが楽しいね！
――「求め合う関係」を後押しする「おもしろさ」

東京都・公立保育園
小林　加奈

●はじめに

私は、都内の公立保育園で働く保育士です。3歳児クラス16名の子どもたちと保育士2名で、園庭や近くの小学校の校庭や体育館を使って、のびのびと身体を動かしてあそんでいます。子どもたちといっしょになって保育士もあそび、そのなかで「こんなのどう？」と新しいあそびを提案すると「やりたい！」と興味をもち、あそびが発展して楽しさの広がりを感じています。多くの子どもたちが参加してあそびが盛り上がる一方、そのあそびを見ることを楽しむ子もいます。ソラくんは昨年の12月からクラスに仲間入りしたこともあり、思うようにあそびの輪に入れずにいました。

春のころのソラくんは、私と2人きりで追いかけっこをしてあそぶと笑い声をあげて楽しむのですが、他の子が「いれて」と近づいてきたとたん遠ざかってしまいました。でも、ソラくんの目線は、常にみんなに向いています。ソラくんも友だちとあそびたいのです。そんな思いを察し、ソラくんと他の子たちの距離を縮めるには、何が必要で、私はどうかかわればいいのか…。そんなことを考えながら保育を進めていきました。

「たくさん　あわでた！」

8月の誕生会の日はいつものプールではなく、泡あそびをすることになりました。年に一度のあそびに、子どもたちは「我先に！」と石けん水の入った大きなタライの周りに自分の場所を確保します。ひとり1本のタオルを手にし、タオルをこすると泡が出てきます。それをみて「うわーっ」と驚き、目を輝かせる子どもたち。その波に乗り遅れてしまったソラくんは、少し離れた場所で流れてきた泡を手ですくってあそんでいました。

保育士が石けん水をしみこませたタオルをペットボトルの底に付けて「こんなあそびもあるよ」とペットボトルの口から息を吹きこむと、タオルから泡が次々にこぼれます。タライの周りで夢中になって泡をつくっていた子どもたちの視線は一気にそちらに移り、「やるやる！」と今度はペットボトルに集中です。タライの周りに場所が空くと、ソラくんはタライの中で石けんをタオルにくるみ泡を立て始めたのでした。

「ソラくんもやってみようか」と声をかけると、「うん」と石けん水のしみこんだタオルを差し出しました。「できたよ」とペットボトルに

タオルを付けて返すと、ソラくんはすぐにペットボトルの口から勢いよく息を吹きこみました。けれどまったく泡が出てきません。「あれ？」と不思議そうに手元を見て、何度も何度も息を吹きこみます。すると突然、たくさんの泡が流れ出ました。「ソラくん、すごい！ たくさん出てきたよ！」と声をかけると、さらに息の吹込みが強くなります。近くの友だちからも「ソラくん、すごいね」と驚きの声が聞かれましたが、ソラくんは、そんなことばには耳を傾けず息を吹き続けていました。

「ソラくん、いいねー！ すごい！」という保育士の声を聞いて、2歳児クラスの担任がやってきて「ソラくん、見せて」と声をかけました。「すごーい！ ひばりさん（2歳児クラス）も呼んでくるね」と声をかけたその保育士が、子どもたちを連れて戻ってきました。ソラくんは大勢の観客を前にしても、ひるむことなく泡出しの芸を披露し続けました。たくさん息を吹き込んだので、かなり疲れたと思いますが「ソラ、たくさんあわでた」と、うれしそうに語る姿からソラくんの充実感が伝わってきました。

その日の帰り、今日の出来事をお母さんに話しました。最後に「ソラくん、また明日ね」と声をかけると、少し考えてから「いってきまーす」と元気に帰っていきました。このことばから、保育園が安心して自分を出してあそべる場所になったことを感じました。

思いをことばにして

プールが終わり、暑さが和らいできたある日。園庭に出るとソラくんが「おっきな、やまつくろう」と誘ってきたので、砂場で砂山をつくることにしました。「今日は、これも使おうか」と柄の長いスコップも出してやる気が高まったところで、「やりたーい」「トワくんも（スコップ）ちょうだい」と友だちが増え、5人で砂山をつくることになりました。どんどん砂を積み上げていき、子どもたちの肩のあたりになると、「やったー、おおきくなった」とみんなでよろこび、満足する高さになったようでした。「こんどは、トンネルつくろう」と、トワくんの提案に「いいね」とみんなで大きな山に穴を掘り始めました。3か所からトンネルをつくっていましたが、掘り進めていくうちに「あー、くずれちゃった」と1か所の穴に砂が流れ込んできました。その横でソラくんがもくもくとつくっていたトンネルを見て、「イエーイ！ こんど、ここにしようぜ」「いいねー」とソラくんを押しのけ、トワくんとリュウくんがソラくんのトンネルを掘り始めたのです。穴が深くなってきたこともあって、もう1か所のトンネルをつくっていたアヤちゃん、ユウくんも「やらせて」と、いっしょになって掘ります。ソラくんは、静かにそのようすを見つめていました。ここまでようすを見守ってきた私ですが、さすがにソラくんの思いを代弁しようと口を開こうとしたとき、ソラくんが大きな声を出しました。「もうやめて。ソラ、やってるよ」と真剣な表情で話したのでした。そのことばを聞いて、4人の子どもたちはハッとした表情を見せて「そっか」と場所をあけてくれました。

ソラくんは自分の思いをほとんど主張することはなく、困ったことがあると黙ってしまうため、今までは思いを代弁して仲介してきました。けれど、この日は違いました。自分の思いを大きな声で伝えることができたのです。他の子どもたちがソラくんの思いに気づき、すぐに場所をあけてくれたことにも、この子たちの成長を感じました。うれしい瞬間でした。

友だちと心かよわせて

砂山のトンネルづくりから1か月後。その日も園庭にビールケースとタイヤが並べられ、ごっこあそびを楽しむ子どもたちでにぎわっていました。ソラくんもその場所に駆け寄り、タイヤの中に入り「ここ、おふろ～」と言って入浴を楽しんでいます。そこに「ヒロくんもー」と友だちが近づくと、「いいよ。ここ、おんせんにしよう」とソラくんが提案し、ヒロくんもとなりのタイヤで入浴です。友だちが増えたことで、ソラくんのイメージが広がり始め「じゃあ、こっちでごはんたべよう」と砂場に行ってごはんづくりを始めました。

ソラくんは、砂場から戻ってくると、今度は「タコヤキにしよう」と、ビールケースのテーブルに砂の入ったバケツと大きなお皿と小さなお皿を置きました。「よし、つくるよ」と宣言したソラくんは、バケツから大きなお皿に砂を入れます。「あついから、きをつけて」とヒロくんがお皿を触らないように声をかけたことによって、大きなお皿をホットプレートに見立てていることに気づきました。「ソラくん、タコヤキ食べたの？」と聞くと、「きのうたべた。ウインナーとかチーズたっぷりとか」とうれしそうに報告。家庭での楽しかった出来事をすぐにあそびに取り入れる姿がなんともかわいらしいと見守っていると、ソラくんは「そうだ！」とつぶやき、四角い砂場用具を持ってきて、テーブルに置きました。「これで、テレビみよう」とテレビも設置し、「ヒロくん、テレビみる」と目に見えないリモコンでチャンネルを操って、2人で何を見るか相談までしていたのでした。

食事の後はさっきあそんだタイヤのお風呂に入り、今度はそのタイヤが布団に早変わりです。「おやすみー」と寝るときに、ソラくんは「ごはんのとき、おとなりしようね」とヒロくんを誘いました。「わかった」とヒロくんはニコニコと答えていました。

給食の時間になり、いち早く片づけを終えたソラくんとヒロくんは靴を脱ぐタイミングもいっしょ。下駄箱に靴を置くときも「せーの」と顔を見合わせながら置くほどの徹底ぶり。食事前のトイレもとなり同士。クラスに2つしかない水道もいっしょに使いたくて、片方が空いていてももう1か所が空くのを待っています。そして、2人でいっしょに手を洗い、手元ではなくお互いの顔をニコニコと見合わせていました。お互いの思いがいっしょというううれしさを感じあっていることが伝わり、ほほえましく思いました。無事にとなりに座れたときの2人のうれしそうな表情。それからは「ソラくーん、いっしょにつみきしよう」とヒロくんが誘う姿も見られるようになり、2人の関係は、お互いを求め合う関係へと発展していきました。

まとめにかえて

ある日、私が保育室でピアノの練習をしていると、ソラくんが私のとなりに来て大きな声で歌いました。そのようすを見て、あそんでいた他の子たちも近づいてきて、いっしょに声をあわせて歌い始めました。「歌うよ」と声をかけなくても自然と子どもたちが集まってきて、ソラくんもその輪の中にいることがうれしくて胸が熱くなりました。一曲歌い終えてまたあそびに戻っていく子どもの姿に、クラスの子どもたちのつながりが深まってきたことと、保育士に対しても「あなたのためにしてあげるからね」という思いが育っていることを感じ、幸せに包まれました。

実践4歳児

楽しいね、バナナおにごっこ
――4歳児とルールあそび

墨田区・公立保育園
油井　恵

はじめに

墨田区の公立保育園の4歳児クラスゆり組。20名の子どもを2人の担任で保育しています。

3歳児クラス後半。秋の風を感じるようになったころ、子どもたちのなかに友だちとかかわりたい気持ちがふくらみ、2人あるいは3人の特定の仲良しの関係が広がりました。そんな姿をみて、友だちとかかわってあそぶ楽しさを伝えたいと思い、簡単なルールのあるあそびに取り組むことにしました。

ルールのあるあそびは、ルールがあるからおもしろくなることを実感できなければ成立しないあそびです。なので、ルール自体がおもしろく、ルールに従うことでワクワクドキドキし、そのなかで「友だちといっしょが楽しい」と思ってもらえるようにしていこうと考えました。

おにタッチされた子が抜けて、全員がタッチされたらおにを交代するという単純なおにごっこからはじめました。子どもたちの「おもしろそうだな」「やってみたいな」という興味や関心に依拠しながら、「いすとりゲーム」や「フルーツバスケット」など、簡単なルールのもの、終わりがはっきりしているものを選び、子どもたちは集団あそびの楽しさを味わえるようになって4歳児クラスに進級しました。

あおいちゃんが教えてくれたバナナおにごっこ

園庭に出ると、あおいちゃんが「バナナおにごっこするひと、あつまってー」と大きな声でみんなに呼びかけていました。すると、日ごろからあおいちゃんとかかわりの多いみなみちゃん、さくらちゃん、ひろとくん、りんちゃんが「バナナおにごっこってなに?」と集まってきました。あおいちゃんは、集まった友だちに「うんとね、おににタッチされたらね。こうやってバナナになるの。それでね。バナナになっちゃったらほかのひとがタッチしてね、たすけてもらうの…」と、バナナおにごっこのルールを身振り、手振りで一生懸命教えはじめました。どうやら小学生のおにいちゃんに教えてもらったようです。「じゃあ。あおいがおにね。みんなにげてー」という声を合図に、バナナおにごっこが始まりました。おに役のあおいちゃんは、友だちにわかりやすいように、タッチをするたびに「とまってバナナになるんだよ」と伝えていました。

おにごっこといってもいろいろな種類がありますが、バナナおにごっこは、初めて耳にするおにごっこだったので、どのようにしてあそぶのか、私も興味津々で、しばし、子どもたちのようすを観察することにしました。

まず、おに役の子が逃げる子を追いかけます。タッチをされた子はその場に立ち止まり、上げた両手を合わせてバナナのポーズをとって仲間に助けを求めます。仲間にタッチをしてもらうことでバナナにみたてた両手の皮が剥けて、また逃げられるというものでした。バナナおにごっこは「氷おに」によく似た「助けおに」だったのです。

まだ「氷おに」であそんだ経験のない子どもたち、タッチされたらバナナのポーズをして止まることはすぐにわかったものの、仲間にタッチしてもらったら逃げられることがよくわからず、適当に逃げていく姿が見られました。でも、繰り返しあそぶなかで、少しずつルールが浸透していきました。友だちが教えてくれた初めてのおにごっこは、とびきり新鮮で、笑い声があふれる楽しいあそびになりました。

それからというもの園庭に出ると決まって「バナナおにごっこしよう！」と子ども同士、誘い合ってあそぶようになりました。興味のなかった子たちも、楽しそうにあそんでいる友だちの姿を見て「おもしろそう」と感じるようになり、次々と「いれて」と加わりました。

そんなある日、なかなか興味をもたなかったれんとくんが、バナナおにごっこの輪に加わりました。その姿をたいがくんがじっと見つめていました。たいがくんは、初めてのことに対してはなかなか足

を踏み出せないのですが、れんとくんとは大の仲良しでした。そのれんとくんが楽しそうにあそんでいる姿を見て、ついに心が動きました。数日後、れんとくんといっしょに園庭に出たたいがくんが「ぼくもやりたい、いれて！」と言って初めてバナナおにごっこに参加しました。

「たのしかったね」「またやりたいね」と子ども同士でことばを交わすようになり、バナナおにごっこは、れんとくん、たいがくんも含め、ゆりぐみの子どもたちの大好きなあそびになりました。

トラブルも乗り越えて

それから数日たったある日、おに役のみなみちゃんが「タッチ！」と言って、さくらちゃんをつかまえました。さくらちゃんは、タッチされたことに気づいていないかのようにそのまま逃げ続けます。それに気づいたみなみちゃんは、再び追いかけ「タッチ！」といって、また、さくらちゃんにタッチしました。2回タッチしても逃げていくさくらちゃんに向かって「さくらちゃん、まって、つかまえたでしょ！」と、みなみちゃんが言いました。足を止めたさくらちゃんに駆け寄り「さくらちゃんのことタッチしたでしょ！　しらんぷりしてずるいよ！」と主張するみなみちゃん。2人が言い争う声を聞きつけ、他の子たちも逃げるのを止めて集まってきました。「さくらちゃんがズルしたんだよ。だって、みーちゃんぜったいタッチしたもん！」とみんなに説明するみなみちゃんに対して「だって、みーちゃん、おにじゃないじゃん！」とさくらちゃんが反論しました。「えー！　みーちゃんおにだよ?」「そうだよ。みーちゃんおにだよねー」とまわりの子が口々に言い始めました。「だって。だって…さくらは、しらなかったの」と不満げに訴えるさくらちゃん。

バナナおにごっこは、おにがタッチをしてつかまえるほかに仲間が助けるためにもタッチをするというルールなので、参加する子どもたちが増えたことでおにが誰なのかわかりにくくなっていたのです。このトラブルを生かして楽しいあそびを続けるためにはどうしたらよいか、子どもたちが考えるきっかけにしたいと思いました。

「そうだよね。お友だちがたくさんになってさくらちゃんは、おにが誰だったかわからなくなったんだね。みんなどうしたらいいと思う?」と保育者が入り、子どもたちに聞いてみました。ひろとくんが、自分がかぶっている帽子のつばを立てて「そうだ。こうやっておにごっこのときみたいにするときいろがみえて、バナナみたいになるよ」と言いました。さらに「バナナおにごっこでしょ。だからー、バナナがこどもたちをおいかけて、バナナにへんしんさせるためにつかまえちゃうんだよ。そういうおにごっこなんだよ。だからバナナいろのぼうしのひとがおにね」とバナナおにごっこのイメージをわかりやすいように話してくれました。ひろとくんの話を聞いて「あー、そういうことか…」と改めておにごっこのイメージを共有した子どもたちは、納得した表情で再びあそび始めました。この話し合いで「おには帽子のつばを立てる」というルールが1つ増えました。

他にもおにをやりたい子が増えてきたときのこと。おにを複数にしてあそんでみるとすぐにみんなつかまってしまって、あまりおもしろくなくなり、やはりおには1人のほうが楽しいとわかったことがありました。また、おにを決めるときにジャンケンで決めようとしたものの、大勢でジャンケンをするとなかなか決まらず、たびたびケンカになることがありました。そんなときは、こころちゃんがみんなに片足を出すように話し、一人ひとりの足を順番にタッチしながら「♪お・に・き・め・お・に・き・め・だ・れ・が・お・に♪」と唱え、最後にタッチされた子がおにになるという方法を教えてくれました。そうすればケンカにならず、おにを決められることがみんなに伝わりました。

そのようなことを繰り返し経験するなかで、自分のことしか見えていなかった子が相手の気持ちを考え、その気持ちに思いを寄せられるようになってきました。また、トラブルを自分たちで解決しようとするようにもなってきました。そしてみんなでルールをつくったり、変えたりする力もついてきました。

おわりに

ルールのあるあそびを通じてルールを理解し、ルールを守ることであそびが楽しくなることを学んだ子どもたち。新たに「だるまさんの１日」というあそびを、子ども同士で伝え合って楽しんでいます。基本的なルールは、「だるまさんがころんだ」とほとんど同じです。おには「だるまさんがころんだ」と言うところをだるまさんの生活をイメージして「だるまさんがごはんをたべた！」「……おふろにはいった！」とお題を出して振り向きます。おにが見ている間、子どもたちは、おにの言った動きをするというあそびです。「みて！　みて！　○○ちゃんおもしろい！」とおににつかまるドキドキ感よりも友だちのジェスチャーを見ては、笑い合いそれをおもしろがっています。

そんな姿に、子どもたちが友だちといっしょにおもしろがりながら、あそびを進めていく楽しさを感じていることが伝わってきました。それはやがて自分たちであそびを工夫してつくりあげていくことにつながると思います。

友だちと楽しくあそびたい、これはすべての子どもの願いです。ルールはそのためにあります。バナナおにごっこは、子どもたちにも、私にもそのことを教えてくれたあそびになりました。

実践 4 歳児

やりたいからこそ〝ザリガニ係〟

——楽しみつつ、誇りを感じる係活動

所沢市・公立保育園
上田　隆也

●ザリガニとの出会い

私が働く所沢市の公立保育園は、畑に囲まれ、公園はもちろん、川や遊水池、原っぱや林などもある、自然に恵まれた地域にあります。この年は、４歳児クラス、23名（男児13名、女児10名）を担任２人で保育していました。

10月末のことでした。散歩で遊水池に出かけた際、通りがかりのおじさんが1匹のザリガニをくれました。興味がある子は交代で持ってみたり、地面に置いて動きを見たり、よろこんでかかわっていました。やがて、園に戻らなければならない時間になりました。そのとき「さて、このザリガニをどうするか」が問題になりました。私が「どうする?」と聞く前に、「これ、かいたい!」と男児数人が連呼しました。すかさず、女児数人が「こわい〜、いやだよ」とあらがいました。飼う準備も、持ち帰る準備もできていないので、私は、持ち帰ることはむずかしいと伝えました。しかし、飼いたい子たちは納得してくれません。そこで、少々強引ではありましたが「ザリガニの人生だ。ザリガニに決めてもらおう」とザリガニを地面に置き、みんなで見守ることにしました。すると、ザリガニは流れる水路にダイブして水の中に消えていきました。残念がる子どもたちに「また今度(準備をしてから)捕りに来よう」と約束して帰路につきました。

ザリガニ係誕生

この出来事をもとに担任間で保育の計画を練り直し、改めて「ザリガニ捕り」を計画に加えました。捕まえた後の世話に関しては「飼いたいという子と、嫌だという子がはっきり分かれていたので、全員で世話するのではなく、係をつくり、興味ある子が中心におこなうことにしよう」「係の子がみんなに報告するようにしよう」など、今後の進め方を確認しました。

そして翌週の朝の会、子どもたちに「ザリガニ係について」話してみました。子どもたちは、すぐにザリガニを飼うことを了承してくれたので、さっそく係を募りました。「はい」と手をあげたのは、しょうすけくん、ちくまくん、ゆうせいくんの仲良し3人組でした。「じゃあ、この3人でいいかな?」と聞くと「ぼくも」と、りゅうくんとかいせいくんが手をあげたので、5人がザリガニ係になりました。

ザリガニ会議

その翌日、さっそくザリガニ係で話し合うことにしました。「ザリガニ係の人、集まって」と声をかけると、係の肩書きがうれしいのか、すぐに集まって「何を決めれば、ザリガニを育てられるかな?」という私の問いに「おうち」「えさ」などと返してくれたので、この意見をもとに話し合うことにしました。

エサを考えていたときのことです。「ザリガニってどんなものを食べると思う?」と聞いてみると、りゅうくんは笑顔で「にんじん」と答えました。「なんで?」と聞くと「わからないけど、たべそう」とのことでした。自信満々のりゅうくんに「え? そうなの?」と返すと、ハッとひらめいた表情を浮かべて「あのね、りゅうのいえにアイパッドあるから、しらべてくるよ」と答えてくれました。「おれもスマホでしらべてくる」と、ちくまくんとしょうすけくんとかいせいくんが続きました。ゆうせいくんも「ばーばのアイパッドある」と発言。私は「じゃあ先生も今度、図書館行ってザリガニ図鑑借りてくるね」と話して、この日の話し合いは終わりました。

帰りの会で、この話し合いの結果を係の子たちがみんなに報告しました。係の子が「おうちでエサ

児童書・学校図書館向け

PEAACE AND ME わたしの平和 ノーベル平和賞 12人の生きかた 2000円

難民になったねこ クンクーシュ 1700円

12の問いから始める オリンピック・パラリンピック研究 3000円

しりたいな
全国のまちづくり 全3巻
岡田知弘◉監修

各2800円

①防災・環境とまちづくり ②少子高齢化とまちづくり ③地域経済とまちづくり

シリーズ 道徳を考える 内田樹◉著・協力 全３巻・各2500円

イスラームってなに？ 長沢栄治◉監修 全４巻・各2500円

中国の歴史・現在がわかる本〈１～３期〉 各期３巻・各2800円

世界の人びとに聞いた100通りの平和 伊勢崎賢治◉監修 全４巻・各2500円

朝鮮半島がわかる本 長田彰文◉監修 全３巻・各2800円

マンガで再発見 こんなにすごい！ 日本国憲法 上田勝美◉監修 全５巻・各2500円

3.11が教えてくれた防災の本 片田敏孝◉監修 全４巻・各2500円

領土を考える 塚本孝◉監修 全３巻・各2800円

税ってなに？ 三木義一◉監修 全４巻・各2500円

工場の底力 こどもくらぶ◉著 全４巻・各2500円

町工場の底力 こどもくらぶ◉著 全８巻・各2800円

憲法・社会・労働

● あすわか（明日の自由を守る若手弁護士の会） 各A5判

憲法カフェへようこそ ［改訂版］ 1200円

憲法カフェで語ろう 9条・自衛隊・加憲（+柳澤協二） 1200円

イマドキ家族のリアルと未来（+前川喜平） 1200円

● 楾大樹・今井ヨージ

檻の中のライオン A5上製・120頁 1300円

けんぽう絵本　おりとライオン B5上製・37頁 1400円

けんぽう紙芝居　檻の中のライオン B4・25頁 2500円

9条「加憲」案への対抗軸を探る 四六・176頁 1400円
伊勢崎賢治・伊藤真・松竹伸幸・山尾志桜里

自衛官の使命と苦悩 「加憲」論議の当事者として 四六・192頁 1700円

泥憲和全集 「行動する思想」の記録 A5・1024頁 5000円

#黙らない女たち 李信恵・上瀧浩子 A5・152頁 1300円

保険医の逆襲 指導・監査・処分取消訴訟支援ネット A5・480頁 3500円

石炭火力発電Q&A 気候ネットワーク A5・76頁 1000円

無電柱化の時代へ 電線のない街づくり支援 A5・64頁 800円

都民とともに問う、都立病院の「民営化」 A5・136頁 1500円

医師たちが見たキューバ医療のいま A5・128頁 1200円

過労死は防げる 連合大阪法曹団有志 他 四六・144頁 1000円

東ドイツ“性”教育史 池谷壽夫 A5・156頁 2000円

マンガ アンドロイド観音が般若心経を語りはじめた
高台寺:監修・結城わらゑ:マンガ A5・96頁 1000円

労働弁護士50年 高木輝雄のしごと A5・152頁 1300円

をしらべてくるね」と話すと、みんなからは「ありがとう」の声。この声に係の子たちはうれしそうに顔を見合わせました。

そして翌日。調べ忘れた子もいましたが、2人が調べてきてくれて「やさいとパンをたべる」「エビをたべる」と情報を提供してくれました。この情報を係で共有した後、改めてみんなに報告すると、「そうなんだー」と感心してくれて、ザリガニ係の子どもたちは、さらにうれしくなったようでした。

試行錯誤のお家づくり

エサが判明した後も、ちくまくんが「さきイカでザリガニが釣れる」と、母のスマホで得た情報を提供してくれました。ザリガニを捕獲し、育てる計画はさらに前進し、お家づくりも正式に決まりました。

お家づくりの話し合いの場でのことです。「おうちにはみずがひつようだよ」「つちもいるよね」「あと、はっぱもいれたい」「いしもだよ」と進む中、表情を曇らせたしょうすけくんが疑問を声にしました。「ねー、そしたら（水に土を入れたら）どろになるんじゃない？」。この意見に「たしかに！」の声があがりました。私が「どうする？」と返すと「やってみよう」とのことだったので、すぐに試してみました。結果は子どもたちの予想通り、水は濁って泥になりました。「だいしっぱいだ」「これじゃあ、すめないね」と子どもたち。「（水槽の）したからみたら、（この泥の中にザリガニを入れても）みえるんじゃない？」という意見も出ましたが「でも、うえからてをいれたら、ハサミではさまれちゃうよ」

との声もあがり、「やっぱりだめだ」「だいしっぱいだー」の声。その後、時間が経って泥が沈むことも発見したものの、再び水槽を動かすと水が濁り、これまた「だめだね」と話し合います。子どもたちは、失敗した悔しさを感じつつも試行錯誤する楽しさも感じているように見えました。

結局、この件は係の子たちの話し合いをいつもとなりで聞いていたしょうたろうくん（後にザリガニ係に加入する男の子）のひと言で解決に向かいます。しょうたろうくんは金魚の水槽を見て「いしだからだ！」「つちはだめ、いしをいれるんだよ。きんぎょのしたにあるやつ」と思いついたのです。その後、クラスでは念願のザリガニ釣りに出かけ、見事、ザリガニをゲットし、いよいよしごとがスタートする運びとなりました。

ザリガニ係本格始動

ザリガニ係のしごとについて、改めて係の子たちと話し合い「エサやり」「ザリガニに話しかけること（体調は大丈夫かなど聞く）」「水替え」と決まりました。係の子たちはやる気満々で「あっちの水道で水替えしようか～」などと声をかけ合い、「ザリー」とザリガニ語？ で返事をする場面もみられました。

しごとのなかで一番魅力的なものはエサやりでした。みんなの前でエサをあげる誇らしさに加え（野菜を食べるという事前情報をもとに「じゃあ、いろいろとあげてみよう」とさまざまなエサをあげるようになったため）、ザリガニがそのエサを食べるかどうかという楽しみがあるからです。はじめてあげたエサ、生のサツマイモ（芋ほりで掘ってきて、クラスに置いてあったもの）を、ザリガニが2本のハサミを巧みに使ってばくばく食べた瞬間は、子どもにとっても保育士にとっても感動の場面でした。あげたエサを食べたかどうかは、壁に貼ったザリガニ係のしごとを書いた紙に書き出していき、ザリガニ係がみんなに報告するようにしました。

しごとに楽しみを見つけて

エサをあげる場面以外でのしごとの楽しみ方はそれぞれでした。かいせいくんは水替えのときに、ザリガニのうんちを見つけるのが楽しいようでしたし、ゆうせいくんはザリガニを持ってオリジナルのザリガニの歌をうたうことが好きでした。ちくまくんとしょうすけくんは、小さなザリガニからだんだんと大きなザリガニを持てるようになっていくことがうれしいようで、しょうたろうくんは係の仲間だけで集まる時間が好きでした。りゅうくんは「調べること」に魅力を感じたようで「家でも段ボールを使ってアイパッドでザリガニのことを調べるごっこあそびを、よくしているんです。ザリガニ係になってから、毎日、園に行くのが楽しみなようで…」と母が教えてくれました。

ザリガニとともに進級

12月に入ると、係の子どもたちは、ザリガニを冬眠させるためにお家に落ち葉を入れたり、温度の変化を受けにくい暗い場所を用意したりしました。そして春を迎え、子どもたちはザリガニと共に年長児へと進級しました。

4月、係の子たちがエサをあげ忘れることがあって「(係がやらないなら) わたしたちがエサをあげてもいい？」という声があがりました。いい機会だと思ったので、この件について話し合ってみることにしました。そこでは、「わすれてたね」「しんじゃうところだったよ」「ザリガニのおせわは、かかりのしごとだもんね (ほかの人がやっちゃうのは嫌だ)」「どうしたら、わすれないかな」などの意見があがり、エサをあげる日を決めておくという結論が導き出されました。エサやりは月曜日と水曜日、金曜日におこなう、水替えは火曜日と木曜日におこなうと決まり、しごとは次の段階へと発展を遂げました。

まとめ

目の前にザリガニがいないという状況の中、係活動は子どもたちの意欲に押される形ではじまりました。係になった子どもたちは、はじめは肩書きがうれしくて、調べることを中心に興味を高めていきました。ザリガニを迎えてしごとがはじまるなか、関心はさらに高まり、ザリガニの持ち方や、雌雄の見分け方、生態など、さまざまな知識や技術を自分たちのものにしていきました。

年長児に進級してからは、しごとがさらに発展し、責任を果たせる喜びも感じるようになりました。

大型連休のときには、しょうすけくんが自ら母を説得して、ザリガニを持ち帰って世話してくれました。持ち帰る前「長いお休みだけど大丈夫？」と聞かれたときに、しょうすけくんが「（そんなこと）きかなくていいよ。まいにち（おせわ）やってるだろう」と誇らしげにこたえた姿が印象的でした。

そのようななか、係の子たちに対するみんなの信頼が増し、係の子たちは自信を深め、誇りを高めて、よりいっそう楽しく活動できるようになり、同時に、クラスのみんながより仲良くなっていきました。

実践5 歳児

多様に楽しみ、多様に広がる「おばけのせかい」

——おもしろさでつながるプロジェクト活動

所沢市・公立保育園
上田　隆也

はじめに

所沢市の公立保育園、5歳児クラス（さくら組）22名を担任2人で保育してきました。このクラスが4歳児クラスの秋に楽しんだ絵本が『おばけかぞく（さく　西平あかね）』シリーズ（福音館書店）でした。子どもたちは、あたたかいおばけの世界にあこがれ、おばけ料理をつくったり、おばけの歌をうたったりと楽しんできました。それから半年たち、年長クラスに進級した直後のことです。数人の子が「おばけ探し」をはじめたことから、再びおばけブームが訪れ、ひなのちゃんのひと言をきっかけにプロジェクト活動として発展していくことになりました。

あのえほん、かいてるひともおばけなんじゃない？

4月のはじめ、みんなで公園に向かって歩いていたときのことです。「きょうも（おばけの）なにか、あるかな？」と何人かが話すなか、ひなのちゃんが「もしかしたらさ……あのえほん、かいているひともおばけなんじゃない？」と話しました。私が「どう思う？」と聞くと、少し首をかしげながら「もしかしたら……おばけなのかなっておもう」と返してくれました。その後、ひなのちゃんは、このことを作者に直接聞いてみたいと言い出し、「おてがみ（をだそう）」と、その方法も考えてくれました。さっそく、ひなのちゃんを中心に話し合いをもつことにしました。すると「絵本をかいてくれてありがとう」「おばけってほんとうにいるのか」「このまちにも、たろぽう・さくぴー（絵本に出てくるおばけ）っているのか」などを書きたいという声が次々あがったので、全部をまとめて作者の西平さんに送ることにしました。

おばけからのてがみ

4月も終わりに近づいた日のことです。なんと、西平さんからの返信が届きました。「やったー!!」

と子どもたちの歓喜する声がこだまするなか、同じように興奮気味の保育士が封筒を開けてみると、登場人物の一覧表、手紙へのお返事、そして黒い封筒が出てきました。

西平さんからの返事は「絵本を読んでくれて、どうもありがとう」「本当のことはわからないけど、私はおばけはいると思います」「私は半分ぐらいおばけだと思います」「たろぽうたちはおばけなのでどこでもいるとは思うけれど、住んでいるのはおばけの木です。いるかもしれないので（昼間は眠っているから）そっと探してみてください」というものでした。子どもたちは、その一つひとつに「へー」「わー」と反応していましたが、一番驚いたのは「西平さんが半分おばけ」のところです。「やっぱりね」と、子ども同士でうれしそうに目を見合わせて笑う姿が見られました。最後の「そっと探してみてください」の一文には、今にも外に飛び出していきそうな反応を示していました。そんな子どもたちをなんとか落ちつかせた後、黒い封筒を開きましたが、この封筒が、子どもたちをおばけの世界へといざなう決定打となりました。

封筒の表面には、「おばけかぞく　さくぴー・たろぽう」という差出人の名前、「くものすもりいりぐち　おばけくすのき　うえ」という住所が書かれ、「夜間特別配達　流星便」と書かれた見たこともない切手が貼られていました。封筒のなかには、さくぴーがおばけ文字（鏡で見ると読める逆さ文字）で書いた自己紹介と、たろぽうが描いた似顔絵（裏におばけママのコメントつき）が入っていました。これには子どもたちも私もびっくりしすぎて、息が止まりそうになりました。直後、子どもたちは絵本を持ってきて「ながれぼしびんって、このほしじゃない？」と話し合ったり、窓の外に向かっておばけの歌をうたったりしはじめました。「いま、たろぽうたちがとおったきがする」という子もいました。

おばけの世界の楽しみ方

次の日から、おばけたちの住む「おばけくすのき探し」がはじまりました。はじめは「くすのき」がわからず、とにかく大きい木を探そうとしていましたが、植物図鑑を引っ張り出し、木の表面の形を調べるなどして知識を深めていきました。この時期のくすのきには白い花が咲くことも知り、その花を目印に探していきました。これと並行して、唐傘おばけにあこがれている子は唐傘おばけも履いている「天狗下駄」に挑戦したり、人形あそびが好きな子は「おばけのドールハウスづくり」に取り組んだり、おばけの世界で楽しみたい子はおばけの食事をつくったり、活動は多様に広がっていきました。6月のお泊まり保育では「夜におばけたちがあそびに来るのではないか?」という子どもたちの思いを受け止め、おばけたちとのやりとりを楽しむ場面を演出しました。

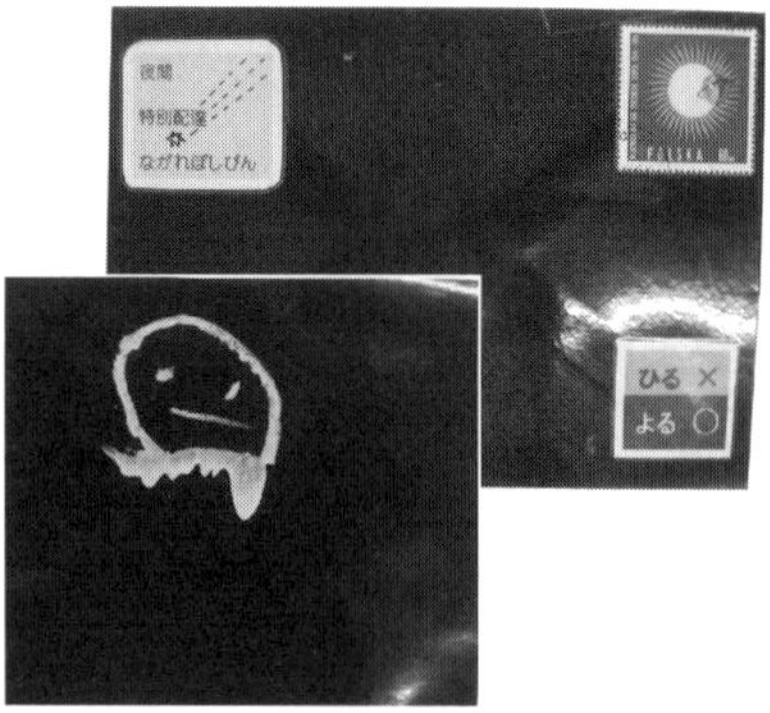

おばけの世界をつくろう

7月上旬のことです。集団づくり部会の例会で、「プロジェクト活動として発展させてみたら?」な

郵便はがき

602-8790

料金受取人払郵便

西陣局
承認
9059

差出有効期間
2021年4月
30日まで

（切手を貼らずにお出しください。）

（受取人）
京都市上京区堀川通出水西入

㈱かもがわ出版行

▌注文書▌

ご注文はできるだけお近くの書店にてお求め下さい。
直接小社へご注文の際は、裏面に必要事項をご記入の上、このハガキをご利用下さい。
代金は、同封の振込用紙（郵便局・コンビニ）でお支払い下さい。

書　名	冊数

ご購読ありがとうございました。今後の出版企画の参考にさせていただきますので下記アンケートにご協力をお願いします。

■購入された本のタイトル	ご購入先

■本書をどこでお知りになりましたか?

□新聞・雑誌広告…掲載紙誌名（　　　　　　　　　　）
□書評・紹介記事…掲載紙誌名（　　　　　　　　　　）
□書店で見て　□人にすすめられて　□弊社からの案内　□弊社ホームページ
□その他（　　　　　　　　　　）

■この本をお読みになった感想、またご意見・ご要望などをお聞かせ下さい。

おところ □□□-□□□□　☎

お（フリガナ）なまえ	年齢	性別

メールアドレス	ご職業

お客様コード（6ケタ）							お持ちの方のみ

メールマガジン配信希望の方は、ホームページよりご登録下さい（無料です）。
URL: http://www.kamogawa.co.jp/
ご記入いただいたお客様の個人情報は上記の目的以外では使用いたしません。

どのアドバイスをもらったことをきっかけに、「みんなのこれまでのこと、何か形にしようよ」と提案してみました。子どもたちはすぐに「いいね」とのってきて「おばけのほいくえんつくりたい」「ひかりでおばけをつくりたい」「えほんのなかにぼくたちがでたい」などの意見をあげてくれました。そのすべてを採用するために、内容が近いものを同じカテゴリーに組み入れました。その上で希望を募ると「街づくりチーム（7人所属）」「暗闇チーム（7人所属）」「マスコットチーム（4人所属）」「かきものチーム（3人所属）」「紙飛行機チーム（1人所属）」の5チームができました。さっそくチームごとに動き出すことにしましたが、チームの境界線は緩くして、どのチームにも自由に参加していいことにしました。

さくらぐみとおばけのはじめてのであい（かきものチーム）

「えほんのなかに（自分たちが）でたい」との願いをもとに絵本づくりをおこなった「かきものチーム」。えりかちゃんの「22にんのさくらぐみが、さくぴーとたろぽうにあうっていうのはどう？」という提案で始まった話し合いは、まりちゃんが「よる？」と返すと、みとちゃんが「よるの9じ、ねるじかん」と広げ、えりかちゃんが「もっとおそい、12じとかは？」と重なりながら形が定まっていきます。そして、これまでの体験をもとに、舞台は「お泊まり保育の日」に定まりました。自分たちがコマを楽しんできたこともあり、全体の話は『おばけかぞくシリーズ』の1つである『おばけのこままわしたいかい』をベースに進んでいきました。その後、「じゃあ、22にんのさくらさんが、12じにこっそりおきよう」「それで22にんで、ひみつのもり（お泊まり保育の際にたろぽうたちが来たことになっている場所）にこまをもっていく」「それで、こままわしたいかいをおばけたちとする」「チャンピオンは…けんじくん（クラスのコマ回し名人）！」「おばけたち、まけてくやしくて、なくんじゃない？」「じゃあ、おばけたちのすきなものあげようよ」「ゼリーとか、どくキノコとか、バナナとか、スープとか（いただいた手紙や絵本より）」「さいご、ゆめだったのかなっておもうけど、ゆめじゃないよってなるの」「はっぱがとんできて、かいてあることにしよう」と内容が決まっていき、絵本の題名は「さくらぐみとおばけのはじめてのであい」になりました。

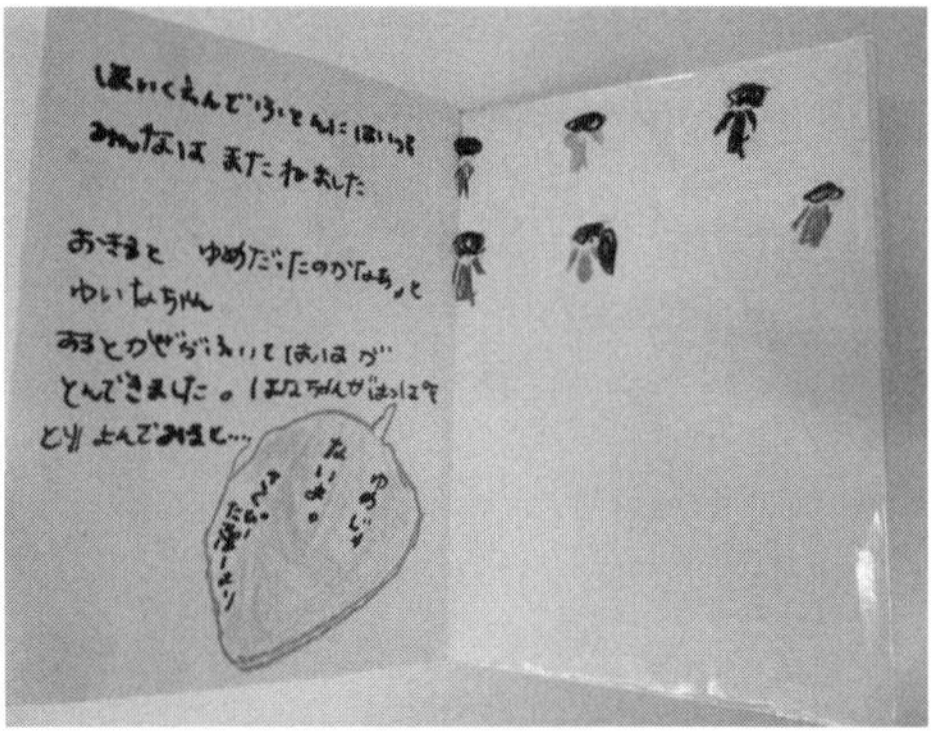

●ういているようにみえる（暗闇チーム）

あれこれと試行錯誤するチームもありました。暗闇チームです。当初、暗室では懐中電灯に星などの形が切り抜いてある画用紙をかぶせ（保育士が作成したもの）、壁に光を映し出してあそんでいました。チームでの話し合いも、「たろぽうたちも、かべにうつそうよ」と進んでいきました。しかし、イメージ通りに画用紙をおばけの形を切り抜くことが難しくどの子も悪戦苦闘。形を切り抜こうとしたところを誤って切り取ってしまったあすみちゃん、「あー…」と表情が暗くなりました。ところが、少し時間が経った後に、あすみちゃんが切り取ってしまった画用紙にライトを当ててみると、「あー！」と声が上がりました。壁には光ではなく、影が映し出されていたのです。どの子も「みえたー！」と感動し、「ぼく、おとうさんつくる」「わたし、さくぴー」と、意気揚々とさまざまな形を切り取り、影を映し出しました。私が影を映し出す大きなスクリーンをつくってあげると、何体ものおばけを映し出して「ここじゃ、ちかいな」「これで、ういているようにみえる」など、光源との距離を調整しながら、おばけの影を浮かび上がらせていました。その後、映し出したおばけに簡単なストーリーをつなげて、ごっこあそびのように楽しむ姿もみられました。

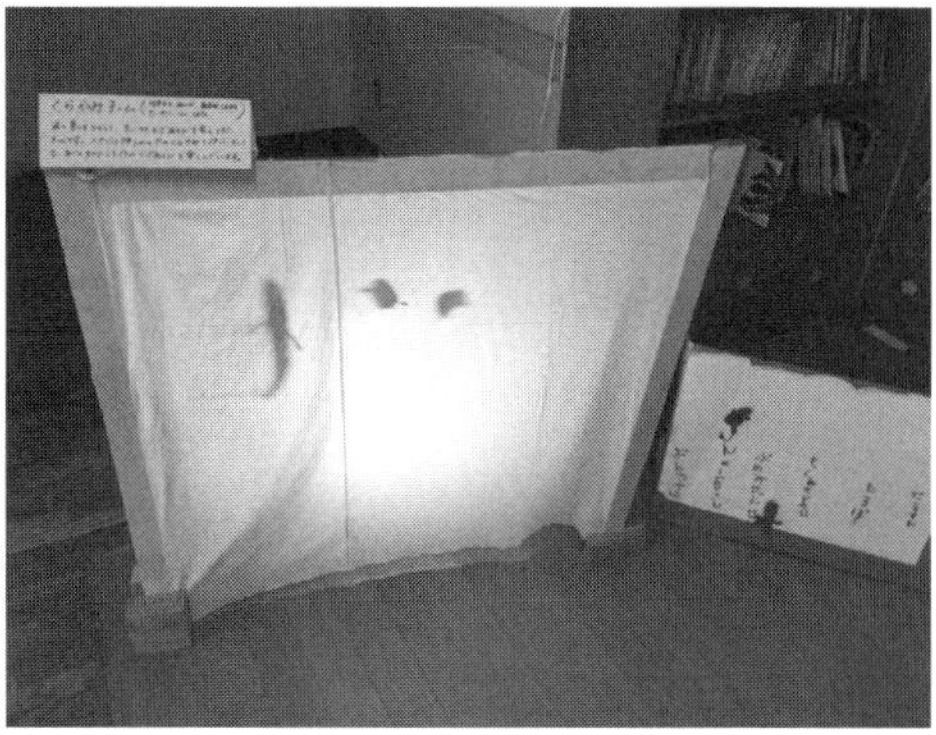

おばけのせかいへようこそ！

一人チームだった紙飛行機チームにもいろいろな子が加わり、大小さまざまな紙飛行機ができ上がりました。縫物好きのマスコットチームは、延べ13体のマスコットや洋服をつくり、そのマスコットを街づくりチームに貸し出して、人形がジオラマの街に登場するようにもなりました。このように、チームを越えた協力や交流が生まれるなか、完成に近づくにつれ、子どもたちのなかに「見せたい」気持ちがふくらんでいきました。そして、「おばけのせかいへようこそ!」と他クラスの子を招待するようになり、活動はさらに広がりました。その後「お父さんやお母さんにも見せたい!」という声もあがったので、玄関ホールに作品を展示し、保護者の方々、あそびに来てくれた地域の方々にも見てもらいました。展示のとなりに感想用ポストを置くと、保護者たち、職員たち、地域の方々、そして、字が書けない子どもたちからもたくさんの感想が届き、その総数は100通を超えました。

まとめ

ひなのちゃんの発言をきっかけに、西平さんがつないでくれたリアルとファンタジーのプロジェクト活動。西平さんからの手紙は、子どもだけでなく、保育士も、保護者もいっしょにドキドキ、ワクワクさせてくれました。本当にありがたく、感謝の気持ちでいっぱいです。

この活動のなかで、みんなが同じことをするのではなく、一人ひとりの「これがしたい!」を尊重すること、「これがしたい!」を子どもたちが話し合いながら実現できるようにすることを大切にしてきました。そのなかでおばけの世界に対する「熱」が高まり、その温度が上昇するにつれ、子どもたちの関係は深まっていきました。

実践 5 歳児

奥が深くて難しいけれど大事な「リーダーづくり」

さいたま市・公立保育園
武藤　栄治

● ぜひ、やってみたい！

この年、５歳児クラスには、20名（女児11名、男児９名）の子どもが在籍していました。集団づくり部会の例会に参加するようになって「リーダーづくり」ということばを初めて耳にしたぼくは、その年の４月から年長児の担任をすることが決まっていたこともあり、ぜひグループリーダーを中心においたクラス運営活動に取り組みたい！と思いました。しかし、リーダーづくりの実践はまったく未知の世界だったので、理論や方法論を教えてもらい、実践についてもアドバイスしてもらいながら取り組むことになりました。

リーダーをつくるのは、自分たちの生活を自分たちで運営するためのひとつの手立てであること、進め方は目の前の子どもたちに即して多様であってよいことなどを学び、意気揚々と船出したのですが、その後、紆余曲折を繰り返すことになります。

グループリーダーを決めたものの…

7月にグループをつくったとき、各グループに1人ずつリーダーを指名しました。グループ当番に取り組んでいたので、その当番がスムーズに進むようにと思ってのことです。指名した4人は、しっかりしていて、リーダーに育ってほしいと思った子たちでした。

リーダーのしごとは、グループのみんなで当番に取り組むように声をかけ、グループでの話し合いのときには進行役を務め、全体で行動するときにはグループのメンバーに声をかけることなどを伝えました。しかし、子どもたちはピーンときているのか、きていないのか、なんとも言えない雰囲気で聞いていました。

ぼくが、リーダーの子たちにリーダーとしてふるまってほしいと思えば思うだけ、どんどんしっくりいかなくなっていきました。ぼくが声をかければ、リーダーの子たちはグループの子へ声をかけますがそれで終わり。自分がリーダーであると自覚しているようすがまったく感じられないのです。子どもたちがリーダーの必要性を感じていないことを痛感すると同時に、リーダーということばやリーダー像が浸透しておらず、魅力的な活動になっていないことも思い知らされました。

そこで、リーダー活動を休止しようと思い、グループリーダーたちを集めて話し合いました。「やってみてどうだった?」と聞いてみると、「リーダーやるのたいへん。みんな、はなしきいてくれないし」「しごとやるときも、なかなかあつまってくれないんだもん」「みんななかってなんだよ」など、不満の声が上がりました。リーダーが負担になっていたことを改めて感じました。そこで素直に謝り、一度リーダーをやめようと提案しました。リーダーたちもすぐに納得してくれました。

グループリーダー活動は一度休止するけれど、もう一度原点に戻って、リーダーについての理解を深めてもらえるような活動に着手しようと思いました。

とらねこたいしょうを通してリーダーについて考える

12月の劇の発表会では、11ぴきのねこの劇をすると決め、井上ひさしさんの戯曲『11ぴきのねこ』を参考にしながら、まずは、ねこ1匹いっぴきの個性について、みんなで考えることにしました。

「とらねこたいしょうって、どんなねこかな？」と聞いてみると「しごとをよくする」「はなしをきかせる」「しっかりしてる」「いつもぼうけんしてる」「みんなにおしえてあげてる」「こまったときにさくせんをかんがえてる」と意見が上がります。そして「ねこのリーダーみたいだね！」と、ともひろくん。「たしかにそうだね、リーダーみたいだね」と返すと、他の子たちも「うん。11ぴきのねこのリーダーだ」と同調してくれました。「どうしてとらねこたいしょうがリーダーみたいだと思ったか教えてくれる？」と再度問うと「だって、ほかのねこのてつだいをよくしてあげるし」「みんなに、はなしをきかせるのもリーダーでしょ」「しっかりしてるからリーダー」などの意見が続きます。「しごとをいっぱいしてたいへんだよね」「いつもしごとやらないひとがいるとたいへんになる」としごとに対する言及もありました。「おこってるときもあるよね」「なみちゃんもリーダーやってるとき、おこってたよね」「だってみんな、なみのはなしをきいてくれないから！　りこちゃんだけはいつもきいてくれる」などともめる場面もありました。そこで「じゃぁ、どうすれば怒らなくてすむんだろうね？」と問いかけると「みんなが、はなしきいてくれればおこらない」「みんなにおしえてあげるとき、やさしくいうのがいいリーダー！」と続き、リーダー像が共有されつつあることを感じました。そこで「じゃぁ、他のねこたちは、とらねこたいしょうのことをどんな風に思ってるのかな？」と質問すると「えらい！」「やさしい」「いいなぁっておもってる」「いいものもってる」など、肯定的な意見が上がりました。そして、あきのちゃんが「とらねこたいしょうやりたい！　だってリーダーになりたいから」と宣言して、話し合いは終了となりました。

リーダーって…

発表会を終え、劇をやってみてどうだったか、リーダーのとらねこたいしょうについてどう思ったかを聞いてみました。しんくんが「リーダーはちゃんとおしえてくれるひとだとおもう。なみちゃん（とらねこたいしょう役）はげきやってるとき、うごくのとかセリフとかみんなにおしえてた。でもリーダーのこともたすけてあげないといけない。わすれちゃうから」と口火を切りました。すると、あゆみちゃんが「なみちゃん、ふねがないことにきづかなかったもんね」と発言。他の子たちも「たしかに」と納得していました。

グループリーダーをやっていて、劇でもとらねこたいしょう役をやった、こうたくんは「グループでリーダーやったときは（リーダーがなにか）わからなかったけど、げきやってわかった」と発言、「どういうこと?」と聞くと、「みんなのいったことに、いいねっていってあげるのがリーダーだとおもう」と付け加えました。

このような話し合いを経て、グループリーダーをやっていたともひろくんは、「またリーダーやりたいな。みんなにおしえてあげるリーダーになりたい」と思いを語ってくれました。

グループリーダー復活

1月、最後のグループ替えを機に、グループリーダーを復活させたいと考えました。そして、今回はぼくが指名するのではなく、グループのみんなで誰をリーダーにするか考えてほしいとお願いしました。

かなでくんが「おれ、リーダーやりたい!」と主張。すると、なみちゃんが「うん、かなでくんはきゅうしょくのときとかに、しずかにしてっておしえてくれるからいいとおもう」と後押し。黙っていたあやみちゃんに「あやみちゃんはどう?」と聞いてみると「あやみもリーダーやりたかったけど、まえにいっかいやってるから、かなでくんまだやったことないし、かなでくんがやっていいよ」と言いました。やったことのあるなしで決めていいのかと思ったのですが、グループの子たちがいいって言うなら…と、口を挟むことは慎みました。

別のグループでは、かのんちゃんが「かのんがリーダーやるよ!」と宣言し、あんずちゃんが「え?かのんちゃんやるの?」と驚いて、「こうたがいいんじゃない?」と提案しました。こうたくんは「いいよ、いいよ」と遠慮しましたが、あんずちゃんは「こうた、やりなよ～」と引きません。するとこうたくんが「かのんちゃんでいいとおもう、だっておもしろいし」と言いました。「おもしろいって…」と思いながらも、ここでも決定を尊重しました。

グループリーダーになったかなでくんは、とことんマイペースですが、クラスの流れが自分のやっていることより先にいくと「まって！」と怒ったり、自分が先にいっていると「もうつぎのことしようよ」と言ったり、当番も「つかれちゃうから、いっぱいはできない！」と言っていた子です。そのかなでくんがどんなリーダーになるのか、ぼくはワクワクしていました。そして初日、いつものように当番のしごとの時間になると「そうじいっぱいやるとつかれちゃう、ちょっとしかできない」と言い出したので、「かなでくん、今日からグループのリーダーになったんだよね」と声をかけました。すると、「あっそうだった！」という顔をして最後までしごとに取り組みました。以降、しごとをめんどくさがったり、疲れちゃうと言うことなく取り組むようになりました。さらに、当番は1週間交代なので、月曜日のたびに「きょうからのおしごとはなに？」と聞きに来るようになりました。ほどなくして、ぼくに聞かなくても自分で考えられるようになりました。

リーダー活動に取り組んできて

リーダーを経験した子たちは「みんなが、わすれものしないようになってうれしい」「さいしょより、ふとんぶくろをじょうずにいれられるひとがふえてよかった」「たいへんなこともあるけど、ちゃんとみんなでやったほうがきれいになるからよかったとおもう（当番の床掃除のこと）」など自分の言動が他者の役に立つことを実感しているようすが伺えました。でも、最後までリーダーってなんだったんだろうというぼんやりとしたものが残り続けていたように思います。それは、ぼくがリーダー活動をきちんととらえきれなかったからだと思います。なんのためにリーダーをつくるのか、それがこの子たちに必要なのかをよくよく考え、グループにリーダーをつくることでグループ内の仲間関係が深まり、グループにリーダーがいてよかったと思えるように展開していくべきだったのです。

子どもたちがリーダーって何だろうと思ったように、ぼくも悩み、考えました。別れのときが間近に迫った3月の終わりに、そんな思いを子どもたちに伝え「小学校に行っても、近くにいる人たちのためだったり、誰かのためだったりが考えられるリーダーになってね。みんなにはそういう気持ちが心の中にあるからね」と話し、最後に「ありがとう」ということばを添えました。

Chap 3
視点

異年齢クラスの集団づくり
──「まねる」から学び合う関係へ

異年齢保育の現状

同年齢の子どもたちでクラスを編成して保育をおこなう「年齢別保育」に対し、異なる年齢の子どもたちでクラス編成をおこなう保育を「異年齢保育」と言い、年齢別保育を「横割り保育」と呼ぶのに対して異年齢保育は「縦割り保育」とも言います。

異年齢保育のクラス編成は一様ではなく、3~5歳児クラス、1~5歳児クラスなどさまざまで、普段は年齢別で過ごしていても、異年齢で交流する日を設定して保育をおこなう園もあります。朝夕の時間や土曜日などは、異年齢で過ごす園も少なくないでしょう。

また、異年齢保育には、過疎地の保育所や院内保育所など子どもが少なく同年齢でのクラス編成ができないために異年齢保育をおこなう「条件的異年齢保育」と、同年齢でのクラス編成が可能でも異年齢保育の意義を重視しておこなう「理念的異年齢保育」があります。

あそびは本来、子どもの間で伝承される文化であり、それは異年齢集団を通して子どもから子どもへと継承されてきました。「学ぶ」とは「まねぶ」、つまり「まねる」ことに始まると言われています。年上のあそぶ姿を見たり真似をしたりして育ってきたのです。1960年代の高度経済成長期を境に、子どものあそびの条件と言われる「三つの間」、「時間」「空間」「仲間」が減少し、その後、少子化が進み、きょうだいの減少と共に、地域にあった異年齢集団のかかわりも見られなくなってきました。そうしたなかで、多様な人とのかかわりの場を集団保育のなかに意図的につくり出していこうと、異年齢保育をおこなう園が増えてきています。

やってもらった心地よさから

3～5歳児異年齢クラスに進級した3歳児のAちゃんは、まだ緊張のなかにいました。散歩の際、誰が手を差しだしても口をムッと結んで手をつなごうとしません。5歳児のSちゃんが来てくれるのを待っているからです。Sちゃんはいつも困った顔をしているAちゃんの肩に手を置き、顔を覗き込むようにして「どうしたの？　○○だったの？」とAちゃんの気持ちを聞いてくれるのです。だからいつもSちゃんが来てくれるのを待つのです。

Aちゃんのそんな姿は1年間続きました。ところが、4歳児になり、年下の子が進級してきたその日からAちゃんの姿がガラッと変わりました。ドキドキしたり困ったりしている年下の子の姿を見て、肩に手を置き、顔を覗き込むようにして「どうしたの？ さみしくなっちゃったの？」と声をかけてあげているのです。〝お姉さん〟な表情をして。

その姿はSちゃんそっくりです。困った子を見つける速さもやさしい声のかけ方も、Aちゃん自身がしてもらってきたSちゃんの姿です。そして、Aちゃんが黙りこくって動かない姿は見られなくなりました。

異年齢で過ごすなかでは、「年上の子どもが年下の子どもをいたわり、年下の子どもがあこがれて真似をしていくなかで、人とのかかわりが自然と身についていく」と言われますが、それは単に、年上になればお世話をするようになるということではありません。やってもらった心地よさがあるからこそ次はやってあげたいと思うのです。素敵なお兄さんお姉さんだからあこがれ、真似をしたいと思うのです。そうして心地よさのバトンをつないでいくのです。誰もが安心してあるがままの自分を出し、受け止めてもらえる心地よい集団づくりが必要です。永野優華実践「寄り添う2人の笑顔を再び」は、仲良しになりたい2人の関係が保障され、お互いの要求が満たされていくことが、いかに大切かがわかる実践です。

心地よい居場所としての異年齢集団 ～多様性や違いに気づき、認め合う～

年齢別保育に比べ「できる―できない」と比較をされることが少なく、目立ちにくいのが異年齢保育の特徴のひとつです。さまざまな年齢の子がいるのですから、当然発達にも幅があります。同年齢のなかではどうしても活動が遅くなってしまったり保育者や友だちに手伝ってもらいがちだったりする子も、異年齢で過ごすなかでは安心して自分のペースで生活を送り、ときに年下の子たちに頼られたりしながら自信を積み重ねていくことができます。

川田学氏は、あくまで仮説的にと前置きしたうえで、異年齢での生活が子どもにとって互いを生かし合う実践となっていくときの条件のひとつとして「時間の流れ方が変わる」ことをあげています。年齢別よりもゆったりし、せかせかした感じが緩和されるという、この年齢の幅があるからこそ生まれる「ゆるさ」が異年齢保育を考えるカギとなります。

3〜5歳児異年齢クラスでお店屋さんごっこに向けて取り組んでいた日の一場面です。4、5歳児が自分のやりたいお店を決めて準備を進めていくなか、3歳児のYくんはしばらく取り組むと「やっぱりおかしやさんがいい」と次々に違うお店へと移っていきます。そんな姿を見た4歳児のAちゃんは「もう、Yくんってば…。かわいいんだから」と途中まで注意をしようとしたものの、その姿を受け入れ見守っていました。そしてまわりの子も誰一人としてYくんの行為をとがめませんでした。

異年齢保育では、同じ行事に同じクラス内で年度ごとに立場を変えて何度も取り組みます。ですから、過去の自分と重ねながら、年下の子の気持ちを理解し、配慮することができるようになっていたのでしょう。同時に、自由に楽しそうに振る舞う年下の子が受け入れてもらえる、安心できる空気が漂っていることで、年上の子たちも含めて、誰もが自分の気持ちを安心して出していいのだと思えるのです。

下田浩太郎実践「ゆれつつも　おおらかに　ゆるやかに」では、3歳児だけでなく5歳児もゆれ動き、それも認め合う姿がつづられています。

一方的ではなく双方向的な関係　～補い合い、認め合い、学び合う～

前述したように、あそびは元々、年下の子が年上の子のあそぶ姿を見たり真似をしたりして、子どもの間で伝承されてきました。異年齢保育では、モデルとなるあこがれの存在が常に身近にいるため、年下の子にとって大きな学びにつながっているように思えますが、実は同時に年上の子にとっても大きな学びにつながっているのです。

たとえば、コマ回しひとつとっても、かっこよく回す年上の子の姿を見て、自分もやってみたいとあこがれをもちます。でもはじめからうまく回せるわけではありません。ひもの巻き方を教わり、投げ方を教わり、悪戦苦闘しながら何度も挑戦していきます。年上の子は、年下の子のようすを見ながら、はじめはひもを巻いて渡してあげたり、手をもっていっしょに投げてあげたりして、機を見て「じゃあ、つぎはじぶんでやってみな」と見守ります。そして、はじめて自分だけで回せたときのよろこびを分かち合っていきます。「あんなふうにかっこよくなりたい」とあこがれをもつ相手に出会えることは、年下の子にとって活動への意欲につながりますが、あこがれられ、頼られることは年上の子にとっても満足感や自尊心を高めることにつながっていきます。

3～5歳児がいっしょに鬼ごっこをしていたときのことです。5歳児にタッチをされた3歳児は、オニがやりたくなくて怒りはじめました。すると「じゃあ、もういっかいぼくがオニをやるから、こんどタッチされたらオニになるんだよ。いい？」と5歳児がもう一度オニになりました。ところが、すぐにまたタッチされると、再びふてくされる3歳児。すると今度は「じゃあ、いっしょにオニやろう」と手を取り、他の子を追いかけはじめたのです。すると、そんなやり取りを見ていたまわりの5歳児たちが、わざと3歳児が追いつけるくらいの速さで逃げ、タッチされてあげていたのでした。

年下の子は、そうして心地よくいっしょにあそぶなかで、経験を通してルールを学び、楽しさを知っていきます。同時に、年上の子は年下の子といっしょにあそぶためにはどうしたらいいか、必要な対応を学んでいきます。一見すると年下の子が年上の子にしてもらうことが多いように見えますが、実は双方向的に補い合い、認め合い、学び合っているのです。

異年齢保育での当番活動 ～見て学び、教えて学ぶ～

あそびの伝承だけでなく、食事や着替えなどの生活習慣も、また当番活動などのクラス運営活動においても、年上の子の姿は年下の子のモデルとなっていきます。食事中の座り方を見て背筋を伸ばしてみたり、巧みに箸を使って食べる年上の子をあこがれのまなざしで見ていたり、苦手な食べものも仲良しのお兄さんお姉さんが畑からもいでおいしそうに食べているのを見て「じぶんもたべてみようかな」と挑戦しようとする姿が見られます。

当番活動でも、年上の子が給食を配膳したりみんなの布団を敷いたりする姿を年下の子たちはよく見ています。はじめはやってもらう心地よさを感じながら、いっしょに生活するなかで、徐々に自分が当番になったときのことを想像し、学んでいるのです。そうしてときどき、いっしょにお手伝いをしたり、年上の子がいないときには「きょうはわたしたちがおとうばんするね」と張り切って当番活動をしたりしながら身につけた力を、今度は自分が当番活動をする年齢になり、しごととして任されたときに存分に発揮していくのです。

しかし、それも「教える―教えてもらう」という一方向的なかかわりではありません。エプロンのつけ方を教え、三角巾を後ろで縛ってあげると年下の子に「ありがとう」と言われます。うれしそうにニコッと笑い、得意気なようすで「じゃあ、ごはんとしるからはこぶよ」といっしょにおこないながら配膳の仕方を教えていきます。教える側の年上の子もまた、頼りにされることで役に立っている自分を感じ、それが自信となって自己肯定感を育んでいくのです。また、相手に合わせて伝え方や手伝う範囲を考える行為を通して、自分の知識を確かにしていくと同時に、教え方も学んでいるのです。

異年齢保育の課題

こうした異年齢保育の良さが発揮されるためには、保育者がその特徴を理解し、適切に保育をする工夫が必要です。発達に幅があるので、保育の仕方によっては年下の子が活動についていけなかったり年上の子が物足りなかったり、間に挟まれた子がどっちつかずになってしまうことがあるからです。

また、もともと力の差がある年上の子と年下の子がいっしょにいるわけですから、年上の子がいばったりイライラを年下の子にぶつけたりして、異年齢でうまく関係が築けず、環境がストレスにつながっていくこともあるかもしれません。実際に、3～5歳児異年齢クラスに進級する2歳児クラスの懇談会で保護者より「幼児（異年齢）クラスでは小さい子が大きい子にいじめられるという噂を聞いたのですが、大丈夫なのでしょうか」という質問を受けました。その際、こんなエピソードを話しました。

散歩に行ったときのことです。普段から年上の子が年下の子を守るように道路側を歩くのが当たり前になっていて、道を曲がると誰からともなく「チェンジ～」と声をかけ合い、つないでいた手を入れ替えて再び年上の子が道路側を歩いていました。その日は片方の手が泥んこのまま年下の子と手をつないでいたRくん、「チェンジ」の声で手をつなぎ変えようとして、汚れたほうの手でつながなくてはいけないことに気がつきました。一瞬考えたRくんは、きれいなほうの手をクロスするように年下の子に差し出し、2人とも笑顔で手をつないで歩いたのでした。これが異年齢で育まれる力なんだろうなと思いました。

一人ひとりのすこやかな発達を保障し、「個か集団か」の議論をこえて、仲間と共に支え合い育ち合う集団づくりをめざすことは、同年齢保育においても異年齢保育においても変わりません。その上で異年齢保育という環境のなかでの集団づくりをどうすすめるのか、どのような集団をめざすのか、を常に考える必要があります。そのためには異年齢保育の特徴を理解することに加え、一人ひとりの個性やすべての年齢の発達をふまえながら保育をつくっていく必要があります。

集団づくりにおける異年齢保育の実践的理論は、実践をもとに研究を重ねていくことが課題です。

（下田浩太郎）


〈参考文献〉
・川田学「『異年齢』において何を見るか　―発達論への展望―」『異年齢の世界に保育と教育を学ぶ―実践・発達・制度論―』北海道大学大学院教育学研究院付属子ども発達臨床研究センター　２０１９年
・林若子・山本理恵編著『異年齢保育の実践と計画』ひとなる書房　２０１０年
・宮里六郎「乳幼児期の保育のあり方について　…異年齢保育の視点から」『保育通信　№７２４』２０１５年

実践 3.4.5歳児

寄り添う2人の笑顔を再び

東京都・私立保育園
永野　優華

はじめに

異年齢クラス（3・4・5歳児）33名を担任2名と補助員2名（内1名は加配担当）の4名で保育しています。

毎年、2月下旬頃から次年度に向けて2、3、4歳児で生活をすることが増えていきます。どの子も、楽しく安心して過ごせるように、室内でゲームあそびをしたり、散歩に出かけたりしていました。

3歳児のMちゃんと5歳児のAくん

3歳児Mちゃん（加配つき）は、ことばや歩行の遅れがあるため、乳児クラスのころは、生活の援助を受けていました。ほとんどの時間を加配担当の先生と過ごしていたため、友だちとのかかわりは少なく、ことばを発することもありませんでした。2歳児クラスでは、短距離の歩行が可能となり、Mちゃんのようすを見ながら歩いたりベビーカーに乗ったりと、ペースを考えながら散歩に出かけるようになりました。

幼児クラスで過ごすようになると、いつもと違うクラスの雰囲気に、不安で泣くことが多くなり、加配担当の先生と2人で過ごすことが多くなりました。そんななか、Mちゃんの不安そうにしているようすを見て気になり始めるAくんがいました。はじめは、Mちゃんの表情をただ覗いたり、加配担当の先生に「ねぇ、いまなにしているの？」と聞いては「へぇ～そうなんだ…」とようすを伺うだけでした。しかし、Aくんのなかで「ぼくがおせわしてあげたい！」という思いが広がったようで、毎朝「Mちゃん！おはよう！」と声をかけるようになりました。Mちゃんに無視されてもめげずに「Mちゃん！おはよう！」と声をかけ、「Mちゃん、いまはね、いすをださなきゃいけないから、ぼくがだしてあげるね！」とお世話をしていました。Aくんには Mちゃんのお世話をしたい、かかわりたい思いが溢れていました。でも、Mちゃんは、泣いてしまうことがほとんどで、そのたびに「Aくん、お世話してくれてありがとう。だけど、Mちゃんは今、先生といたいんだって」と声をかけ、Aくんのハの字になる眉毛をみて「あぁ…お世話したかったんだろうな…」と申し訳ない気持ちでいっぱいになりました。

MちゃんとAくんの距離が縮まる

新年度が始まっても、毎朝声をかけていたAくん。Mちゃんは今まで、特定の担任には心をひらいても、友だちや他の担任には心を開こうとはしませんでした。朝の自由あそびの時間になるとAくんは、あそんでいるMちゃんのところに何度も行き「いっしょにあそぼう！」と誘うのですが、なかなか返事をしてもらえず、Mちゃんとあそぶことはできませんでした。

そんなある日、Aくんにうれしいことが起こりました。この日は桜並木を見に出かけました。Aくんは、Mちゃんといっしょに手をつないで歩きたいと思っていたようで、Mちゃんと同じペースで散歩の支度をしていました。そして、玄関で先に待っていた私のところへ来て「ぼくね、Mちゃんと手をつないで、あとからいくね！」とうれしそうに話しました。私は、ベビーカーを出しながらMちゃんと手をつなぐ加配担当の先生の負担を考えて「Aくんもいっしょに歩いて大丈夫ですか？」とたずねました。すると「MちゃんとAくんと手をつないで、行きはがんばって3人で歩いてみたいと思います」と返してくれました。そこで「Aくんよかったね！　ゆっくりでいいからMちゃんと手をつないできてね！」と伝えて出発しました。

散歩先の公園では、別々に、あそんでいたのですが、「帰るよ～！」と声をかけるとMちゃんもAくんもお互いを探して手をつなぎました。往復45分かかりましたが、MちゃんもAくんといっしょに歩いたことがうれしかったのか、終始笑顔で、ベビーカーに乗ることもなく、最後まで歩くことができました。園に戻ってからは、疲れきったようすでゴロゴロしていましたが、AくんのおかげでMちゃんもがんばって歩くことができ、どこか楽し気でした。そして、初めてMちゃんに受け入れてもらえたAくんも、相当うれしかったようで、顔のニヤニヤが止まりませんでした。この日をきっかけに、MちゃんはAくんにだけは、笑顔を見せたり少しだけ会話するようになりました。

なんでぼくじゃないの？

クラスでは、3・4・5歳児混合の5、6人のチームを6チームつくり、そのなかでさらに3歳と5歳ペア、4歳同士でペアをつくり、当番活動をしたりお互いに助け合ったりして生活をしています。新年度が始まり、2週目にチームとペアを決め、活動を始めました。初回は、あらかじめ担任間で話し合い、チーム、ペアを決めました（年に5、6回のチーム決めをし、初回以外は、子どもたちが話し合って決めていきます）。

チームとペアを決めるにあたって担任間で話し合い、いろんな子どもとの関係づくりを広げていきたいとの思いから、MちゃんとAくんといっしょにするのではなく、別々のチーム・ペアにすることにしました。発表を聞いたAくんは、「え…なんでぼくMちゃんとじゃないの？」と悲しげなようすでした。以降、進んで他児のお世話をすることはなくなり、保育士が「Aくん、ペアさん困っているから手伝ってあげてくれる？」と声をかけても、Mちゃんのようすが気になってAくん自身の支度も手につかないありさまでした。

Mちゃんも新しいペアの子に対しては毎回のように拒む姿や泣く姿があり、「やりたくない」と主張することが多くなっていました。新しい環境のなかで、心地よい2人の関係を離してしまったことを後悔しました。そして、2人のかかわりを大切にしていかなければと改めて思いました。

Mちゃんと Aくんの関係を戻そう

集団づくり部会の例会で、「MちゃんとAくんの関係を大切にしていかないといけないよね」とアドバイスをもらい、AくんとMちゃんの関係について他のクラス担任と話し合う時間をつくりました。MちゃんとAくんがお互いに刺激し合って成長する姿を見守り、大切にしていきたいことやAくんのお世話したい気持ちを大事にしていきたいことを担任間で確認し合い、Aくんに話をすることにしました。

「Aくん、ペアさんにたくさんお世話して助けてくれてありがとう。Aくんの優しい姿とてもすてきだなって思っているよ。だけど、Aくんは、本当は違う子のお世話がしたいって思っていたよね？」と聞くとAくんは「うん。Mちゃんのおせわがしたい」と答えました。「そうだよね。Mちゃんのお世話がしたかったよね。Mちゃんのことが好きだってわかっているのにペアにしなくて、ごめんね。MちゃんもAくんがお世話してくれると楽しそうにしているし、助けてくれることがうれしいんだって。だから、Mちゃんとペアにしたいって思っているんだ」と伝えると「えっ！　ほんとうに⁉　Mちゃんとペアにしていいの⁉　Aくんがんばる‼　やった！」と飛び上がるほどうれしそうにするAくんでした。

ペアを変えるにあたり、5歳児の子どもたちに集まってもらって、話すことにしました。するとMちゃんのペアであるHくんは「うん！　そのほうがぼくもいいとおもう！　てをつないでくれなくてたいへんだったもん。Aくんがいい」とAくんの思いを受け入れてペアを変えてくれ、他の子も「Mちゃんのおせわは、Aくんがいいよ！　おせわがじょうずだし、MちゃんはAくんにだけえがおになるもんね！」と話してくれました。担任よりもよくまわりのようすを見ていた子どもたちの姿に、私も改めて反省し、MちゃんとAくんをペアにすることにしました。決まるとすぐにAくんはMちゃんのところへ行き、「Mちゃん！　Aくんとペアさんになったよ！　よろしくね！」と伝えると、Mちゃんもニコッとほほえみ、椅子に座って2人で寄り添いながら楽しそうにあそんでいました。

翌日には遠足があり、朝から「きょうからペアさんだから、てをつないで、えんそくはいけるんだよね？」とうれしそうに話し、Aくんは、Mちゃんの支度を手伝い、Mちゃんも喜んで受け入れていました。遠足では歩行がゆっくりなMちゃんに寄り添って、Aくんは「Mちゃん、ゆっくりでいいからね。Aくんがいっしょにいるからね」と声をかけ、歩幅を合わせていました。いつもなら疲れて歩けなくなると座り込んでしまうMちゃんですが、「ベビーカーにのりたい」と言うこともなく、長時間にわたり歩くことができました。

おわりに

最初は、チーム決めをするにあたり、あえて2人の関係を離すことで、他児とのかかわりが広がっていくと考えていました。しかし、心地よい2人を引き離すことは、お互いにとって、悲しい状況を生み出しただけでした。AくんとMちゃんが互いに助け合い、支え合うことで、それぞれが経験を積み重ねて成長することができるのだと感じましたし、もっと子どもたちの姿を大事にしていく必要があったと反省しました。

今では、Mちゃんとかかわらなかった他の5歳児たちが、Aくんのお世話の仕方を模倣し、積極的にかかわるようになっています。Aくんも得意気な顔で「ぼく、おせわ、じょうずだからね！」と話し、どうかかわってあげるといいのかを教えるなどして、自信を深めています。今では、Mちゃんにだけではなく、他の年下の子にも困っていたら助けてあげるAくんの姿も見られるようになりました。特定の人にしか心を開かなかったMちゃんもAくん以外の友だちともかかわるようになり、表情も和やかになりました。

チームやペアのつくり方を考える上で一番大切なのは、子どもたちの思いなのだということを学ばせてもらいました。

実践
3・4・5歳児

ゆれつつも、おおらかに、ゆるやかに
――異年齢クラスで取り組む「ごっこあそび」

稲城市・ひらお保育園
下田　浩太郎

はじめに

私の働く保育園は異年齢保育をおこなっていて、3～5歳児20名ほどの異年齢クラスが4クラス（職員1名、パート保育士1名）あり、0～2歳児は年齢別で保育をおこなっています。幼児クラスの集大成ともいえる行事のひとつが冬におこなう「ごっこあそび」で、4クラスがそれぞれやりたい店を決め、役割や必要なものを準備し、小さい子たちや職員を招待します。子ども自身が考え、話し合い、協力して進めていくなかで、多くの学びや関係の深まりがみられています。進級した4、5歳児は春からお店屋さんのことを意識し「動物園にしよう」「水族館もいいね」などと楽しみにしていました。

はじめの話し合いでは…

運動会も終わり、そろそろ「お店屋さんごっこ」の時期だと期待がふくらんできた10月中旬、何屋さんをするか話し合いました。それぞれ考えてきた「やりたいお店」を、5歳児から「水族館がやりたいです」と発表していくと、4歳児も大きな声で「おかしやさんがやりたい！」などと続きます。すると3歳児が、ドキドキしながらも「アイスやさん、でへへへ」と照れながら発表する姿がみられました。

お店は、春から盛り上がっていた「動物園」や「水族館」、昨年おこなった「おすしやさん」「おかしやさん」などが出され「お店は全部やりたい」という昨年同様の進め方を望む声が多く聞かれました。しかし、早急に結論を出すことにためらいがあったため、次の話し合いで決めることにしました。

子どもたちの思いを受けて、すぐにその場で「全部やろう」としなかったのは、私のなかに今年度の5歳児が4人しかいないという不安があったからです。昨年は7人の5歳児が中心となって活動を進めたのですが、今年は転園が続き4人しかいません。そこで、昨年のようにすべてのお店をおこなうのは難しいと思い、保育者間で話し合うことにしました。子どもたちの思いは大切にしたいが、活動をリードしていく人数を考えると、やはり今年はお店を整理し、以前から盛り上がっていた「水族館」をベースに進めていくのがいいのではないか、という結論に至りました。

ただ、保育者がそこに誘導していく話し合いはしたくなかったので、全体で話し合う前に5歳児に相談することにしました。もともと水族館をやりたかった子たちは快諾しましたが、お寿司屋さんをやりたかったりゅうたくんの表情はくもっていました。それでも状況を説明すると「わかった。すいぞくかんでいいよ」と了承し、その後は「じゃあさ、ほんものとおなじくらいのイルカをつくるとかは」「それいいねえ！」と、4人で水族館をおもしろくする案を考えはじめました。

●「やっぱりおすしやさんがやりたい」～担任の迷いと葛藤～

私は、自分が提案したにもかかわらず、渋々受け入れてくれたりゅうたくんの表情がずっと気になり、頭から離れませんでした。あのときの「いいよ」は決して本意ではない。このまま保育者の意向に沿う形で進めていいものかと、私自身が揺れていました。そこで、改めてお店屋さんごっこのねらいや目的を見つめ直し、子どもたちに任せようと考え直しました。

後日、再び5歳児で集まり「この前さ、今年のお店屋さんは水族館にしようってなったでしょ。でも本当は他のお店も全部やりたかった？」と聞いてみました。するとりゅうたくんは「やっぱりおすしやさんがやりたい」と、はっきり思いをつげてくれました。そして「そうだよね。みんなで決めてくんだもんね。ごめんね。やっぱりお店ぜんぶやろうか？」と話すと、パッと表情が明るくなり「おかしやアイスはすいぞくかんでだせるし、おすしもすいぞくかんのさかなをつかまえておすしにしていけばいいじゃん」とさっそくコラボ案を提案してくれました。改めて、子どもたちが考えてつくりあげていく大切さを痛感しました。

その後、クラスみんなで話し合い「水族館」をつくり、フードコートのようにおかしやアイス、お寿司を食べられる場所をつくることに決めました。そして、本物と同じ位の大きさの「イルカにのってあそべるコーナー」や「サメの口に入って写真を撮れるコーナー」「人魚になって海をバックに写真が撮れるコーナー」などもつくることになりました。

教え、教えられ、つながっていく関係

それからは水族館づくりと各お店の商品づくりを並行して進めていきました。お店の商品づくりでは5歳児が中心となって必要なものを考え、つくり方を提案しながら作業を進めていきます。設計図づくりからリーダーシップを発揮するりゅうたくんは、昨年おこなった際のお寿司のつくり方を覚えていて「まず、しんぶんしをまるめて、きったしろいかみにのりをつけたのでくるんで、シャリをつくるの。そしたら、あとでうえにネタをのせるからね」と作業工程を教えながら進めています。3歳児が紙をまっすぐ切るだけでも4人がかりで、紙の四方を持ち「はい、ここきるんだよ。そう、じょうず」と過保護すぎるくらいていねいに教え、手伝ってあげていました。

抜けることも、戻ることも、認める関係

りゅうたくんといっしょにお寿司屋さんをおこなう5歳児のはるとくんは、まわりの子のことなどあまり気にせず我が道をいきます。水族館の魚をつくっていた際も、「これは5歳児のしごと」と重要な部分を任され、ほこらしさと責任をもって取り組む仲間を横目に「あ〜、またよごれちゃった。て、あらってくる」と、たびたび手を洗いに行ってはあそびの輪のほうへ導かれていきます。「まだこの作業のこってるよ」など、仲間や保育者が声をかけると「あ、そっか」と渋々続けていました。

そんなはるとくんが本番直前に一波乱起こすこととなったのです。作業は佳境に入り、役割分担を決め、どのお店もあと一息というところで「はるとと、やっぱりおかしやさんになりたい」と言い出し

たのです。このタイミングで…という思いはありつつも、決めるのは子どもたちだと思い直し「お店のみんなに聞いてみたら?」と話すと、はるとくんは、さっそく、りゅうたくんに相談に行きました。

しばらくすると「せんせい、やくわり、またきめなおさないと」と言いに来たりゅうたくん、どうやらはるとくんの申し出を了承したようです。了承を得たはるとくんは、さっそくおかし屋さんへ入れてもらうための交渉にのぞみました。ところが、おかし屋さんのあきちゃんに断られてしまったのです。「ダメだって〜」と保育者に報告に来たはるとくんに「何もつくってないのにお店だけやるのは嫌なんじゃない?」と声をかけたのですが「そっか」と言ったかと思うと、今度はアイスやさんに交渉に行き、再び断られてしまいました。お寿司屋さんは辞めたものの、どこのお店にも入れず行き場のなくなってしまったはるとくん。すると、そんなようすを見て、りゅうたくんがはるとくんの肩を叩き、何やら声をかけていました。そして作業を再開する2人、どうやらおすし屋さんに戻ったようでした。

お店屋さんごっこ当日

鐘がなり、放送と共にお店屋さんが開店しました。水族館は大盛況で、案内係はガイドさんのようについて回り、ウェディングプランナーのごとく小さいお客さんたちに人魚のドレスを着せては「はい、しゃしんとって」と張り切っています。フードコートのお寿司屋さんでは、りゅうたくんが小さい子に教えながら「これは100えんです。はいどうぞ」とやり取りをしています。ところが、あまりにも楽しかったせいか、食べ終えたら回収しなくてはいけないはずのお寿司は、いつの間にか何もなくなっていました。はるとくんはというと、うれしくて大声を出しすぎ「それじゃだめだよ」と3歳児に注意され苦笑い…。とにかくそれほどまでに楽しんで取り組んでいたお店屋さんでした。閉店後、返却予定のお寿司を大盤振る舞いしてしまったことを突っ込まれながらも「だって、ちっちゃいこたちがほしそうだったから。いそがしかったけどたのしかった」と充実した表情で話していたりゅうたくんでした。

おわりに

子どもたちの願いや話し合いをベースに進めた今年の「ごっこあそび」。みんなが「楽しい」と思える活動になった要因は、やはりりゅうたくんの浮かない表状を見て踏みとどまり、改めて子どもたちの願いから活動を見直したところにあったように思います。商品づくりでも水族館づくりでも、年下の子のことを気にかけながらのびのびと楽しそうに取り組むりゅうたくんの姿は、自分の気持ちが受け止められ、やりたかった活動にとことんのめりこめたからこそ見られたのだと思います。また揺れ動くはるとくんの気持ちをみんなが受け止め、抜けることも戻ることも許してあげられたことも、それぞれが自分の思いを汲んでもらえて、とことん活動にのめり込むことができていたからだと思います。

Chap 4
視点

特別な支援を要する子どもの集団づくり

みんながいるからその子が育つ その子がいるからみんなが育つ

はじめに

子どもは誰しも、大人や仲間の支援を必要とします。子ども一人ひとりの内に育つ力はありますが、いろいろな人とかかわり、楽しさを共有したり、苦しいときに助けてもらったりする経験を積み重ねるなかで、よりいっそうゆたかに育ち、それが人格形成に多大な影響を与えます。しかし、人とのかかわりが苦手だったり、不安が強かったり、落ち着きがなかったり、問題を抱えている子どももたくさんいます。そのような目に見える問題は、たいていの場合、その子の辛さや苦しさの表出です。だから、その思いを理解する大人や仲間が必要です。そして、思いを理解する大人や仲間もまた、そのかかわりを通じて成長します。ここが特別な支援を要する子どもの集団づくりの大切なところです。その子が成長し、みんなが育つ。そのための具体的な手立てについて考えます。

みんながいるからその子が育つ

ももくん（5歳児クラス）は、ささいなことで怒ってしまい、あそびをこわしたり、近くにいる子を突き飛ばしたりしてしまいます。「やめて」なんて言われるものなら、手をふりあげて威嚇し、暴言を吐きます。友だちとあそびたい気持ちはあるのです。でも、自分の感情をコントロールすることが苦手なのです。

ある日、どろけいでつかまったときに「もも、たすけてやるぞ、まってて！」と友だちが言ってくれたことで、なんとか泣き止み、友だちにタッチしてもらって逃げることができました。

「もも、たすけてやるぞ、まってて！」という声を、友だちが、まさにここしかないという絶妙のタイミングで発してくれたことで、ももくんの心に響いたのです。このことがルールを守ってあそぶ楽しさを感じられるようになるきっかけとなりました。友だちに認めてもらえることや頼りにしてもらえる心地よさを味わうことにつながり、自信もつきました。そのうれしさが「ももくん、たすけて」と友だちから頼りにされ、友だちを助けるももくんへと変えていきました。そして、ももくんはどろけいが大好きになりました。それにより、思うようにならなくてもすぐには怒らなくなり、友だちの思いにも気持ちを寄せられるようになりました。

特別な支援を要する子どもは、自らがおかれている環境を自らの力で変えていくことがむずかしく、だから特別な支援を要するのです。友だちは、すぐれた支援者にもなりますが、子どもが特別な支援を要する子どもの苦しみや悲しみを理解するのは至難のわざです。支援者としての保育者には、何よりその子の代弁者となる役割が求められます。

威嚇してしまうのは、不安な気持ちが強いからだとか、がまんを強いられることが多いからだとか、問題だと感じられる行動には必ず理由があります。まずは、そこを理解し、その思いに寄り添い、受け止め、その子に代わってその時々の心情を言語化し、まわりの子どもたちに理解を求める、そういうことをていねいにおこないつつ、そのなかで、その子の願いに即した形で、友だちとつなげていく、つながっていくためのサポートをすることが大切になります。

その子がいるからみんなが育つ

みいちゃんは、脳性麻痺の子どもです。5歳児クラスになって、支えられれば少し歩けるようになりましたが、疲れると寝そべって過ごしていました。ことばによるコミュニケーションもとれません。そんな姿を見ていたまわりの子どもたち、はじめのうちは「何しているの?」と不思議がりました。でも、いっしょの時間を重ねていくうちに「何を見ているのかな?」とみいちゃんと同じように寝そべってみたり、寝そべりながらおもちゃに手を伸ばしてみるようになりました。そして「みいちゃん、これが好きみたい」「今、うれしそうな顔した」と、みいちゃんの気持ちをわかろうとする姿へと、そして、本当にわかる姿へと変わっていきました。

子どもたちにとって、みいちゃんは、これまで出会ったことのない存在でした。でも、いっしょに過ごすなかで、みいちゃんも、みんなと同じように好きなものはパクパク食べること、みんなと同じようにいやなことがあると声を出して表現することなどを知っていきました。そして、みいちゃんが、より楽しく過ごせるようにと、好きそうなおもちゃを渡したり、身体をさすってあげたりするようになり、みんながみいちゃんの思いに気持ちを寄せるようになっていきました。

みいちゃんは、みんなにあたたかく見守られるなかで育ち、みいちゃんの存在が、ほかの子たちに、ことばにならない声を聞きとろうという気持ちや、友だちをいたわるやさしさを育みました。特別な支援を要する子は仲間に育てられます。でも、それ以上に、特別な支援を要する子は仲間を育ててくれるのです。

好きなことでつながる

3歳児クラスのごうくんは、自閉的な傾向をもっていました。自分のイメージ通りにあそべないと怒りがこみ上げ、それがパニックにつながってしまうこともありました。ごうくんは恐竜が大好きです。恐竜の絵本を見ることや絵カードを並べてあそんでいるときはご機嫌で、友だちが近くに来ても怒らないこともあったので、恐竜図鑑やおもちゃ、パズルなど恐竜のものを増やすことにしました。それにより、まわりの子どもたちも恐竜に興味をもつようになりました。ごうくんが1人で恐竜の世界に浸ることが好きなのは変わりませんが、恐竜を介して友だちとかかわることも嫌ではなくなっていきました。劇あそびでは大好きな恐竜になることで、みんなといっしょに楽しく参加しました。

保育のなかでは、みんなと同じようにやらない、できない、などに目が向きがちです。でも、どうすれば、みんなと同じようにできるかより、その子が何をしたいかに注目するほうが大切ではないでしょうか。好きなもの、得意なことでつながる体験は、その子の自信や互いに認め合う関係を育てていきます。

ありのままでいい

大人は、みんなと同じようにやらない、できない子どもを「困った行動」「困った子」ととらえがちです。でも、そうした行動に目を向けるのではなく、なぜやらないのか、なぜできないのかという内面をみることが大切ではないでしょうか。それにはそれだけの理由があるし、そもそもやらなくても、できなくてもいいことかもしれないし、大事なのは、その子が何を思ってやらないのか、なぜできないのか、そして、その子は何を考え、どうしたいと思っているのかを理解することではないでしょうか。

後述の小林加奈実践『「ママがいい」のことばにこめられた思い』や、高橋光幸実践『食われ続けてきたからこそ』では、保育者が子どもの気持ちをわかろうと、とことん寄り添い、受け止めています。それは、特別な支援を要する子にかぎらず、どの子と向き合うときも大切な姿勢です。自分の気持ちを表現することが苦手な子どもも、自分の居場所を見つけられずにいる子どもも、まずは「ありのまま」をよしとして、そこを出発点にしてかかわることが大事です。その子は、何をしたいか、どうありたいのかを自分で考え、自分でそこに向かっていこうとする姿勢を大切にして、そのなかで、必要があれば保育者がサポートし、仲間の力が必要であればクラスのみんなで支えるようにするのです。それぞれのありのままが認められる集団は、どの子も安心して過ごせる集団です。そういう集団は、特別な支援を要する子だけでなく、すべての子どもに必要なのです。

保護者を支援する、支援者同士がつながる

保育者は、特別な支援を要する子どもの保護者を支えるという重要な役割も担います。みんなと同じようにできない、何度言ってもわからない、育て方が悪かったのか、と悩み、しんどさをかかえながら不安のなかで子育てをしている保護者には、その思いに共感し、寄り添いながら、「こんなことをして楽しかった」「こんな表情がみられた」と、保育のなかでの子どもの姿を日常的に伝えることが大事です。そこから関係づくりはすすみます。「ちゃんとみてもらえている」という安心感は、保護者の保育への信頼感につながります。それによって家庭での子どものようすを教えてもらうきっかけができ、子どもへの理解が深まります。

ときには保育者も迷ったり悩んだりするものです。しかし、園の強みは、職員で問題を共有できる

ことにあります。園は、さまざまな視点から意見を出し合い、保育や保護者の支援をすすめていくことができる場所です。そうした職場環境をつくっていくことが大切です。保護者も、担当の保育者も、ひとりぼっちであってはなりません。居場所があることも自己肯定感を得ることも、大人にだって必要なことです。

さらに、支援には、専門機関や外部の専門家と連携するとりくみ方もあります。この場合は、互いの専門性を尊重し、協働して適切な援助につなげることを心がけ、保育の方向づけは、保育者が主体となって設定していくことが求められます。

おわりに

『あらゆる学問は保育につながる～発達保育実践政策学の挑戦』（東京大学出版会）という本の中にこんな一節があります。「母子関係におけるアタッチメント以上に子どもが家庭外で出会う保育者などとのアタッチメントの質が、その後の保育所や学校といった集団的状況の中での（教師的存在や仲間・友人との円滑な関係性を含む）社会的適応の鍵を握る可能性が高い」。その子と保育者の間で良質なアタッチメントの関係を築くことが、その子が社会のなかで生きていく上で重要だという指摘です。保育者にはそのための努力を続けることが求められます。

その上で、友だちとつなげていくのです。それがその子のためになることもありますが、それ以上に友だちのためになります。特別な支援を要する子を支援することで、貢献できた喜びを感じたり、思いやれる心地よさを味わえたりしながら、友だちの大切さを実感し、自己肯定感を高めることができるのです。

特別な支援を要する子と言ってもさまざまですが、特別な支援を要するというからには、そのための人手が欠かせません。今日の貧困な保育現場の保育士配置の現実が、保育者に「特別な支援を要する子どもさえいなければ…」という思いを抱かせてしまうこともあります。しかし、特別な支援を要する子どもがいてくれるからこそ、みんながよりよく育つことができるのです。だから、必要な人員の手立てが講じられるよう、この国の保育のあり方や保育士配置のあり方の改善をみんなで求めていくことも大事だと考えます。

（白井礼子）

〈参考文献〉
・浜谷直人『仲間とともに自己肯定感が育つ保育　安心の中で挑戦する子どもたち』かもがわ出版　２０１３年
・宮里六郎『「荒れる子」「キレる子」と保育・子育て　乳幼児期の育ちと大人のかかわり』かもがわ出版　２００１年
・川田学『保育的発達論のはじまり　個人を尊重しつつ、「つながり」を育むいとなみへ』ひとなる書房　２０１９年
・秋田喜代美監修『あらゆる学問は保育につながる～発達保育実践政策学の挑戦』東京大学出版会　２０１６年

実践 3 歳児

「ママがいい」のことばにこめられた思い

児童発達支援施設
保育士
小林　加奈

●集団生活のなかで、個別に職員がつくことを必要とするレイちゃん（3歳児）

私は、保育園・幼稚園に在籍している子どもたちが週1回通う発達支援施設で、幼児6名のグループの療育を担当しています。職員は、保育士3名に作業療法士・言語聴覚士です。

生まれてから入院生活が続いたレイちゃん。思うように身体を動かせない期間が長かったこともあり、歩き始めたのは2歳を過ぎたころでした。3歳になると保育園に通うようになり、同時に施設でも週1日のグループ療育を受けるようになりました。ことばは話すようになっていましたが「ママ」や「バス、きた」などの単語や二語文がほとんどでした。また、人見知りが強く、知らない人がやって来るとパニックになり大泣きしてしまいました。運動面では、ちょっとした段差につまずいたり階段を一人で降りるのがむずかしく、保育園では、常に保育者がそばについている必要がありました。

グループ療育がはじまったころは、担当職員や通う部屋が変わったこともあり、ほとんどの時間を泣いて過ごしていました。職員が抱っこをして「大丈夫だよ。怖くないよ」と、安心して過ごせるように働きかけ続けることで徐々に泣く時間が短くなり、他の子が課題をおこなうようすを職員の膝に座って見るようになりました。「レイちゃんもやろう」と誘われると首を横に振り、参加はできずにいました。

夏が過ぎたころ、レイちゃんはようやく施設での生活に慣れてきました。そして、安心できる職員と手をつなげば、他の子と同じように活動に参加するようになりました。

レイちゃんの泣いている理由をわかりたい

午前中の活動を終えて、食事の時間になりました。家から持ってきたお弁当を自分で巾着袋から出して、ふたを開け「おいしそ」とにっこりするレイちゃん。自分から「いただきます」と言ったので、すぐに食べ始めると思ったのですが、テーブルの下から手を出しません。そばにいた職員が「食べてください」と声をかけると、「ママがいい」と泣き出してしまいました。職員みんなで顔を見合わせ、原因を推測します。以前、食事のときにグループ担当の職員ではない人が入ってきてパニックになったことがあり、そのときのことを思い出したのではないかと思い「大丈夫、今日は知らない先生は来ないよ」と伝えました。けれど、「ママがいい」と泣きやみません。「お腹痛いの?」「食べたくないの?」など、考えられることをことばにして伝えますがどれも違うようです。「ママに会いたくなったの?」と聞くと「うん」とうなずきます。「そっか、ご飯食べたらお家帰ろうね。ママ待ってるよ」と、言ってみたものの急にママを思い出して泣いただけには思えませんでした。けれど本当の原因はわからないままでした。

●「ママがいい」の本当の思いは？

レイちゃんのそばにいた職員が保護者への対応で離れ、レイちゃんがまた激しく泣いたので私がレイちゃんのところに行きました。そして「お家でレイちゃんが『ママがいい』って言うと、ママは何をしてくれるの？」と聞いてみると「ギューしてくれる」と答えてくれました。「なるほど！　レイちゃんは、ギューってしてほしいと『ママがいい』って言うの？」と聞くと、「うん」とはにかむようにうなずきました。

レイちゃんの思いに応えたいと思った私は、レイちゃんをギューっと抱きしめてからまた聞きました。「レイちゃんが『ママがいい』って言うときは〝ギューして〟のときと、〝食べさせて〟のときがあるよね」と言うと、また「ママがいい」と言ったのです。すかさず私は「今度は〝食べさせて〟の『ママがいい』だ！」と言って、レイちゃんの口元にスプーンに乗せたご飯を持っていきました。すると、パクっと食べてくれました。

そして口の中にご飯がなくなると、また「ママがいい」と言うので「食べさせてかなー？」と、口元にご飯を近づけると…口を開けてくれません。さっき食べたのは、たまたまだったのかと思い少し考えていると、レイちゃんの目線がお弁当箱の端のトマトに向いていることに気がつきました。「わかった！　今度は〝トマトが食べたい〟の『ママがいい』だ」とトマトをレイちゃんの口元に持っていくと、パクっと食べてくれました。「レイちゃん、『トマト食べたい』って言ってくれると、すぐにわかるんだよなー」と言うとレイちゃんはニコニコとしていて、うれしいことが伝わってきました。

その日から食事の時間に、レイちゃんが「ママがいい」と言うと「これが食べたいんだね。『〇〇食べたい』って言ってほしいな」というやり取りをくり返していきました。そしてついに「コレ、たべたい」とレイちゃんから指で食べたいものを教えてくれるようになったのです。「そう！ レイちゃんが『これ食べたい』って教えてくれると、すぐにわかるよ。教えてくれてうれしい！」と伝えました。そして、お弁当の時間を楽しみながら、完食する日が増えていきました。

大人が願いを読み取り、実現できたことがレイちゃんの自信になった

今度「ママがいい」のことばが出たら言い方やイントネーション、表情やしぐさからレイちゃんの思いを読みとっていこうと決めて、そのことばを待ちわびていました。しかし「ママがいい」のことばは、日に日に少なくなっていきました。テラスにたくさんのトンボがあそびに訪れるようになったころ。食事の時間に「ママがいい」と言うレイちゃん。少し甘えたような言い方から、何かをいっしょにやってほしいのだと推測し、食べさせるのではなく「いっしょにやろう」とレイちゃんにスプーンを握らせて、その上から手の動きをサポートしてご飯をすくい、口の中に入れられるようにしました。「おいしいね」とご機嫌なレイちゃん。ご飯をすくいやすい位置にスプーンを置いておくと、レイちゃん一人でもご飯をすくって食べられるようになり「できた」とレイちゃんの声が明るく響きます。う

まくいかないときにはレイちゃんから「てつだって」と言い、〝最後まで自分でお弁当を食べたい〟と、思い願っていることがわかってきました。

左手でお弁当箱を押さえることもできるようになり、一人で食べられるようになっていきました。それはレイちゃんの大きな自信になり「きょう、ないてないよ」と笑顔で帰るようになりました。

「シュウくん、だーいすき」――好きなあそびで友だちとかかわる

好きなあそびも増えていったレイちゃん。最近のお気に入りは、前は乗るだけで必死だったロングスイング（座面の長いブランコのような感覚遊具）です。レイちゃんがロングスイングに乗り、私が揺らしながら「たのしいー」「きもちいー」「かぜびゅーん」と言い合いながら楽しんでいました。シュウくんがやって来て、このようすをじっと見ています。そしてシュウくんはレイちゃんの背中にまわり、ロングスイングを押し始めました。私はシュウくんをサポートすることにしました。レイちゃんに「今はシュウくんが押してくれてるよ」と伝えると、少し緊張した表情に変わりました。すぐに「シュウくんが押してくれてうれしいね」と言うと「うん（ちょっとドキドキ）」とこわばった表情です。楽しそうな表情のシュウくんが、今度はレイちゃんの目の前に立ち、思いっきりレイちゃんの乗るロングスイングを押しました。「わーお！」とビックリしたレイちゃんでしたが、うれしそうな笑顔になりました。シュウくんが正面に見えて、安心したようです。

シュウくん一人でも押せるようになったところで、私はロングスイングから手を離し「シュウくん

上手！」「レイちゃんうれしい」と声をかけました。するとレイちゃんが「シュウくん、だーいすき」と言ったのです。それを聞いたシュウくんもニコッ。3人がしあわせな空気に包まれた瞬間となりました。

自分の思いをわかってもらえる経験が、友だちへの関心につながる

食事の場面での「ママがいい」のことばにこめられたレイちゃんの思いや願いは、〝部屋に知らない人が入って来ないでほしい〟〝食べさせてほしい〟〝スプーンですくうのを手伝ってほしい〟〝自分で食べられるようになりたい〟と変化していきました。それを大人がわかろうとし、代弁しながら叶えていくことで、レイちゃんは大人との信頼関係をつくり、本来の意味によることばでのやりとりができるようになっていったのだと思います。「きょう、ないてないよ」と言うようになったレイちゃん。次には好きなあそびを介して友だちにも目を向けていくことが大事です。そしてシュウくんとのかかわりへとつながっていきました。

〝子どもをわかりたい〟と思うのは、その子に対して愛しさを感じるときだと思います。〝わかりあえた〟と心が通じた瞬間に、愛しさや保育士としてのやりがいはいっそう強まります。この瞬間を多く味わうためにも、子どもの願いを一つでも多くわかることのできる保育者でありたいです。

実践 5 歳児

食われ続けてきたからこそ

墨田区・公立保育園
高橋　光幸

はじめに

この年の5歳児クラスは、21人の子どもと担任2名という構成でした。東京・墨田区は、近年こそ〝東京スカイツリー〟に代表される下町の一大観光スポットですが、もともとは中小企業の街で、今も細い路地の中に町工場が密集しています。荒川、旧中川などの河川に挟まれており、自然あふれる河原は子どもたちの格好のあそび場になっています。私のクラスも土手に出かけては、メダカやハゼなどの小魚を捕まえたり、バッタやトンボなどの虫を捕まえたり、シロツメクサの花を摘んだり、土手を滑ったり転がったり、自然を満喫しながら暮らしていました。

そんなクラスのRくんは「ねえ、たかはしせんせー」と言いながら、毎日、無茶苦茶な要求をしてきました。「ねえ、たかはしせんせー、ちょっとすわって」というのは、「肩車をしろ！」というサインで、26キロもあるのに私に肩車をさせて、目をふさいだり、耳をふさいだりしながら自分の言う通りに右に左に動くよう命じます。「ねえ、たかはしせんせー、ちょっとめをつぶって！」と言っては、虫取り網を頭からかぶせたり、背後に回ってパンツに手を入れたり、石けんだらけの手を私のTシャツで拭いたりして大笑いします。「ねえ、たかはしせんせー、どうぶつごっこやろう！」と言っては「じゃ、ぼくがライオンで、たかはしせんせーはガゼルね！」「じゃ、ぼくがインドハゲワシで、たかはしせんせーはウシね！」など、私ばかりを食われる役にするので「なんでいつもオレが食われる役なんだ？　そんなのばっかりじゃイヤだ！」と抗議すると「じゃ、ぼくがワニで、たかはしせんせーはアナコンダね！」「つぎは、ぼくがマングースで、たかはしせんせーはハブね！」「つぎは、ぼくがヒョウで、たかはしせんせーはコブラね！」などと決めます。なので、「なんで、オレばっかり手や足がない役なんだ！」とさらに抗議すると「へへへ…」と笑います。恐竜ごっこでもRくんが肉食系で私は草食系。海の生物になっても私に与えられるのは食われる役ばかり…。そんなことを半年以上繰り返して、ようやく、Rくんがダチョウになって私を背中に乗せてくれたり、Rくんが犯人になって私が逮捕することを許してもらえるようになりました。ともあれ、私とRくん、２人の死闘は続きました。

決意

Rくんは生き物が大好きです。だから、自然に対する感性はズバ抜けています。小さい虫を虫眼鏡でとことん観察し、スズメの鳴き声に耳を澄ませるなどの姿は研究者の領域です。海洋生物学者で作家のレイチェル・カーソンは、著書『センス・オブ・ワンダー』で「すべての子どもが生まれながらにもっている『センス・オブ・ワンダー』＝『神秘さや不思議さに目を見はる感性』を、いつまでも失わないでほしい」と語りましたが、Rくんはまさにそういう感性の持ち主です。

でも、機嫌が悪いときのRくんは、それは大変です。目の前にあるものをひっくり返す、投げ飛ばす、蹴飛ばす、目の前にいる人をひっぱたく、扉を閉めて鍵をかける、廊下やテラスに飛び出して脱走を図る…など、思いつく限りの悪行を繰り返しました。

もちろん、そうするのには必ず何かしらの理由があります。自分の思いをうまく表せないから、感情のコントロールが難しいからそうせざるを得なくなってしまうのです。ほんのちょっとなのですが、ズレちゃうことがあるのです。そんなRくんは、ルールのあるあそびや行事の取り組みなどにはほとんど参加しませんでした。「自閉症スペクトラム」と診断されていましたが、担任とも友だちとも楽しくかかわれるし、電車やバスに乗って出かけるときはちゃんとルールを守れます。いつもズレちゃうわけではないのです。自分のことを他人に決められるのがイヤで、自分で決めたい気持ちが人一倍強いため、譲歩できる範囲がかなり狭くなってしまうのです。それだけの話です。

なので、私は、彼の土俵に乗ることにしました。そこで彼と向き合って死闘を繰り返すことにしました。それは私が食われ続けることでした。そのなかで「こいつは、ぼくの思いを理解できて、受け止めてくれるんだ」と思ってもらうためです。

手ごたえ

死闘の末、半年を過ぎたころから手ごたえを感じられるようになってきました。Rくんのほうから寄り添ってくれることが増えたのです。すると、Rくんの友だちへのアプローチも変わってきました。ある日、友だちが作ったブロックであそびたくなったRくんは、その子のところに行って「こわさないからかして！」と頼んでいました。今までは欲しくなったら強奪していたのに…。私をひっぱたくときにもかなり加減できるようになっていました。それは、他者の思いをくみ取って、他者に合わせようという思いが増している証です。そこで次は、わざとRくんが不機嫌になるようなことを言って、ちょっとだけ怒らせてみることにしました。たとえば、貸し出し用の着替えが入っている引き出しから、裾がフリルみたいになっている女の子のズボンを出して履いたRくんに「わーっ、フリフリがついてるなんて、かわいこちゃんだあ〜」とからかいました。案の定、Rくんは「ぼくは、かわいこちゃんなんかじゃない！」と眉間にしわを寄せます。そこで間髪入れずに「でも、前だったらここで怒ってるよな。今は我慢できてるよな。お兄さんになったなあ〜」と褒めました。Rくんはニヤッと笑ってくれました。名付けて「ちょっとだけ耐える力を身につけさせる作戦」ですが、こんな作戦が通じるようになったのは、Rくんが思うであろうことがわかるようになり、予測が立てられるようになったからですが、私とRくんがそれだけ仲良しになった証でもあります。

とはいえ、朝から不機嫌な日もあり、激しく怒ることもありました。その日も朝からイライラしていて、珍しくテーブルの上にあったものを次々落として怒りを表していました。なので、もう一人の担任がクールダウンさせるために廊下に連れ出しました。しばらくして戻ってきたRくんですが表情はまだムッとしています。そこで私は「こらあ、いつまでそんな顔してるんだあ〜。よーし、そんな奴は、ボクシングでやっつけてやるー！」と言って、スローモーションでアッパーを繰り出すと、それをスウェーして避けて、すかさず私のボディーにパンチを一発。そのころは私とボクシングごっこをしてあそぶのが好きになっていたのです。それだけでさっきまでのイライラは一気に吹っ飛び、いつもの笑顔を見せながら私にとびかかってきました。

ついに…

12月、劇の発表会がありました。私のクラスは「とんとんみーときじむなー」という沖縄が舞台の創作民話を演じました。10月の運動会にもほとんど参加しなかったRくんです。当然のことながら、劇の練習には参加しません。でもこの絵本は大好きですし、興味がないわけではありません。みんなといっしょに〝やらされる〟のがイヤなだけです。そこである日、Rくんが大好きな最後のシーンを2人きりでやってみました。大喜びしてくれました。でも、当日にその役をやるかというとそこは期待薄です。

Rくんには、こんなふうに楽しんでもらえばいいのですが、保育園生活最後の行事だし、周囲の期待もあるし、ちょっとは出演してもらいたいと思ってあれこれ考えました。そんなある日、2人で倉庫に入ったときに見つけ、Rくんが気に入ったトラック型のコンビカーが使えるかもしれないとひらめきました。「コンビカーをRくんの好きな魚にカスタマイズしたら、これに乗って海の中のシーンに出てくれるかもしれない……」と思ったのです。さっそく、「何の魚が好き？」と聞くと「ハンマーヘッドシャーク！」と答えるので、すぐに調べ、写真を見ながら、段ボールをはり付けてハンマーヘッドシャークをつくりました（写真）。

　Rくんは気に入ってくれて、劇の練習のとき、気分が良ければこれに乗って出てくれました。希望が湧いてきました。しかし、飽きっぽいのに加えて他者の目を気にするRくんです。その後の練習でも、勢いよく出てきたのに途中で止まってしまったり、ハンドルの上に取り付けた背びれを引きちぎってしまったり、そんなことがありました。なので、まだまだ安心できるレベルではありません。

　前日の夕方、もうひとりの担任に「明日のRくんが出るシーンなんだけど、先生もいっしょに出たほうがいいと思うんだ」と話すと「背びれは取ったほうがいいわよね」というのといっしょに「それがいい」と言ってくれました。その晩も翌朝も、Rくんが出るシーンのことが頭から離れず、もっといいことはないかと考えていたら「そうだ！」と思いついて、当日の朝、保育室に入るなり、インターネットで「コバンザメ」の画像を検索し、それを見ながらコバンザメの絵を描いてお面にして「Rくんといっしょに出るとき、これをかぶりなよ！」ともうひとりの担任に渡しました。数十分後に登園したRくんはその「コバンザメ」に目を輝かせました。そして、彼が嫌ういつもとは違う雰囲気だったのに、落ち着いて部屋に入ってきました。劇にも出演してくれました。目頭に熱いものがこみ上げてきました。

おわりに

1年間、Rくんに食われ続けながら「オレの気持ちを考えろ、オレが何をしたいか、何を言いたいかをわかるようになれ！」と訴えられていると感じていました。だから、いろんな仮説を立ててアプローチしました。裏目に出て怒りを増幅させてしまうこともあったし、私の対応がイヤで登園を渋る時期もありました。それでも考え続けました。「自閉症スペクトラムという診断名がある子どもだからどう対応すべきか…」ではなく、「Rくんはどんなことをおもしろがるんだろうか、私に何を求めているのだろうか…」と考え続けました。それによって、Rくんの気持ちが少しずつわかるようになって、Rくんの喜びも私の喜びも増えていきました。その姿が他の子たちのRくんの見方を変え、〝腫れ物に触る〟ようにビクビクしていた他の子たちが自然にかかわれるようになりました。卒園直前のある日、Rくんは、みんなが「ハンカチ落とし」であそんでいるところに近づいて「ぼくもいれて！」と言いました。初めて自分から集団あそびに加わったのです。

そして、最後の散歩、土手のベンチにみんなで座って、一人ひとりに「保育園生活で何が一番楽しかった？」と尋ねると、Rくんは「たかはしせんせーと、どうぶつごっこしたこと」と答えてくれました。涙が溢れました。食われ続けてきて本当によかった…。

Chap 5
視点

大人の集団づくり
——子どものために、子どもに支えられて、大人たちはつながれる

大人と大人と、子どもでつくる三角形

「とらのすけくんのかけ声の話、聞きました?」運動会の前日、年長クラスとらのすけくんのお母さんに声をかけました。そして、年長クラスが踊るソーラン節の退場のとき、とらのすけくんが誰よりも大きな声で「ヤー!」とかけ声をかけてから駆け出すことを伝え、「私、ひそかに〝かけ声リーダー〟と呼んでいるんですよ」とつけ加えました。お母さんは「前日から泣きそう…。明日が楽しみです」と言って帰って行きました。そして当日、とらのすけくんは自分がひそかに「かけ声リーダー」と呼ばれていることなど知らないまま、ひときわ大きな声で「ヤー!」とかけ声をかけてみんなをリードしました。数日後、とらのすけくんのお母さんと2人で「ヤーっていう声、本番でもよく聞こえましたね!」「とらのすけの声だってすぐにわかりました!」とよろこび合ったのですが、その足元には、

照れくささと誇らしさがないまぜになった表情で帰りの支度をするとらのすけくんがいたのでした。

この場面を俯瞰してみると、お母さんと保育者と、足元にとらのすけくんの3人でつくる三角形が見えてきます。現代社会は、大人同士でつながることがむずかしくなっていると言われます。だからこそ、保育の課題として大人の集団づくりについても考えなければならないのです。

立場の違う人同士が認め合いながらどう結びつくかを考えたとき、輪になれたらすてきですが、まず形づくられるのは、「大人と大人と子ども」の三角の形です。自分の立場や立ち位置を理解し、相手のそれらを理解する、そこから関係づくりは始まります。そして、大人と大人という2つの点をつなぐのは、もう一つの点、つまり子どもです。ここでは、保育者、保護者、地域などに焦点をあて、子どもたちがつないでくれる大人の関係や子どもたちのためにつながろうとする大人の関係づくりについて考えます。

保護者同士が同志になる

夏の終わりを迎えると、都市部の保育園では、見学を希望する保護者からの電話がひっきりなしに鳴ります。見学の日、案内役の職員の説明を聞きながら園内をめぐる保護者の表情は真剣です。いっしょにめぐる保護者の間にも緊張した空気が漂います。同じ年齢の子を持つ保護者同士は、「数少ない席」を争うライバルだからです。

政府は、少子化対策と称するさまざまな子育て支援政策を打ち出し続けています。しかし、その内実は、経済成長のために企業を支えるものだったり保育で利益を上げようとするものだったり、保育の質の向上にはまったく目を向けておらず、子育て支援とは名ばかりです。そして、その反映として、保育施設の痛ましい事故や事件が後を絶ちません。

保育園を見学するときの保護者は、わが子を預ける施設を必死で見極めようとしています。妊娠がわかったと同時に保育園回りを始め、多い人では20カ所、30カ所と見学を重ね、それでもなかなか安心できないし、入れないこともあるのです。この国の乳幼児を抱えながら働き続ける保護者の多くは孤独のなかにいて、保護者同士はライバルにならざるを得ないのです。孤立し、バラバラにされている保護者が多いからこそ、保護者の集団づくりの出番です。保育園は、子育ての最初の一歩を孤独のなかで踏み出した保護者と保護者をつなぎ直す場になりうるからです。

1歳児クラスの保護者会で、早生まれのはるのちゃんのお母さんが「最近、何でもイヤって言うようになって…」と娘の豹変ぶりに頭を抱えていました。すると、さえちゃんのお母さんが「あ〜うちも、そういうこともあったなあ。そういうときどうしたっけなあ」と記憶の糸をたぐっていました。その姿を見て、「忘れちゃうくらいなんだ！　永遠には続かないとわかって、それだけでうれしい」と、はるのちゃんのお母さんは笑い出しました。園では、保護者の仕事や肩書きとは別の関係性がつくられます。子育ての先輩後輩になったり、悩みや喜びを共有する同志になったりできるのです。

5歳児で入園してきたそうやくんの両親は、保護者同士の関係づくりなど期待もしていなかったと思います。保育園で過ごす期間は1年にも満たないのですから当然です。ところが、卒園式の後、担任が謝恩会に参加すると、マリオに仮装して子どもたちを盛り上げるお父さんたちのなかにそうやくんのお父さんもいて、進行役を担っていたお母さんは、他のお母さんたちと和気あいあいの雰囲気。両親そろって保護者の輪のなかにいたのです。そうやくんのお父さんはクールな印象だったのでマリオ姿に面食らっていると、別のお父さんが「(仮装は)いやだいやだと言っていたのに、一番はじけてるんですよ！」と教えてくれました。その表情は、「どうだい先生！ おれたちいい仲間だろう！」と言わんばかりでした。そうやくんのお母さんは「謝恩会の係になって、打ち合わせしたり忙しかったけど、それで仲良くなれたなあって…」と、話してくれました。

園が、保護者と保護者がつながる場や機会を意図的につくっていくことはもちろん大切です。そこを土台に、保護者同士がもう一歩自分たちで足を踏み出したら、卒園後も、成人してからも、支え合う仲間としてつながり続けることが可能になるのです。中井史絵実践「大人だってつながりたい」は、保護者会活動を通して保護者がつながり、さらに保護者同士という関係性を越えていくようすをとらえた記録です。

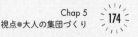

保育者と保育者をつなげるもの

度重なる規制緩和と業務量の増加などによって保育現場の労働環境は厳しくなる一方です。新人の保育士が失敗を繰り返しても先輩たちが大目に見てくれていたのは遠い昔のことで、今は、どんな新人も即戦力として期待されます。でも、保育はそう簡単ではありません。辛くなり、苦しくなって辞めていく保育者は後を絶ちません。

今よりは保育現場にゆとりがあったころ、若手の保育者が悩んでいると「お茶して帰らない？」と先輩が声をかけてくれたものでした。お茶ができる時間に先輩後輩で職場を出ることができたのです。お茶をしながら話すことはクラスの子どもたちのことばかり。「ねえ、最近のあやちゃんのこと、どう思う？」「私（が相手）だと、ぐだぐだになっちゃうんです」「それはね、あなたに思い切り甘えを出せているからだと思うよ」と、お茶1杯で話は延々と続いたものでした。やはり、保育現場には、物理的、精神的な余裕が必要なのです。

一人ひとりの個性が認められる保育者集団、これも大切です。

ある日、担任の一人が、2歳児クラスの他の担任と子どもたちに向かい、神妙な面持ちで「今日は、みなさんにお話したいことがあります」といい、一つ深呼吸をしてから、こう話し始めました。「今朝、私が自転車を漕いでいると、前から何かがものすごい勢いで飛んできました。鳥のようなのですが、どうも鳥だけではないみたい…。鳥は私にぶつかりそうになるとクルッと向きを変えて飛び去ったのですが、私を避けきれなかった何かがポトリと自転車の籠に落ちました。でも、朝は急いでいたので、それが何だったのか確認はしていません。なので、今からみんなといっしょに見に行きたいと思います」と。その「何か」は少々グロテスクなエメラルドグリーンの蛾で、子どもたちとともについていったもう一人の保育者は思わず「モ…モスラだ（巨大化した蛾の怪獣）」と発しました。そのことばが子どもたちに響き、その後、モスラごっこが生まれ、運動会や劇ごっこにもつながっていきました。

2歳児を前に「今朝、私が自転車を漕いでいると…」と語る保育者の姿はまさに迫真の演技…と思いきや、それはその人の性格で、本気で大まじめに話したのだそうです。この保育者のまじめさと真剣な話しぶりに、子どもたちは引き込まれたわけですが、もう一つ忘れてならないのは、この真剣さを楽しむパートナーの存在です。大まじめな保育者とそれをおもしろがる保育者、そこに子どもたちが加わり、これで三角形が完成しました。

子どもと大人で形づくる三角形は、共感関係の基盤となり、一人ひとりに確かな居場所をつくります。その基盤ができたところから、人は次のつながりへ、3人、4人、職場の職員集団へと、認め合う関係を広げることができます。一人ひとりの保育者が厳しい現実のなかにいるからこそ、保育者同士が認め合い、つながる必要があります。それを意識できさえすれば、あとは、子どもたちがしっかりサポートしてくれます。認め合う関係を広げれば広げるほど、つながりが深まれば深まるほど、保育者集団のいい関係ができて、それにより保育内容の質が大きく向上していくことになるのです。子どもの気持ちに寄り添おうと模索するなかで、保育者同士がつながり、集団として成長するようすは、伊藤真咲実践「子どもの願いがつないでくれた」をお読みください。

大人たちはつながれる

近隣からの苦情で、園庭で長い時間あそばせられない保育園がありました。折々そのお宅を訪問して話をするうちに、そのお宅から近隣の行事にお誘いを受けるまでになりました。ある日のこと、2歳児が砂場であそんでいると、そのお隣の家からポロロンとウクレレを爪弾き歌う声が聴こえてきました。見上げると、おじさんが笑顔で窓から覗いていました。激しい苦情にもあきらめず、何年も、何人もの保育者と子どもたちがつないで生まれたおじさんの笑顔です。園庭を思い切り走りまわれるようになった子どもたちはもちろんですが、大人だって関係をつなぎ直せるのだと知ることができた保育者も幸せです。そして、子どもたちと笑顔を交わすようになったおじさんもまた幸せです。

保護者に信頼され、地域住民に愛される保育園でありたいと、つながりを求める保育者や職員の日々の積み重ねは重要です。

私立保育園の廃園の危機をめぐり、保護者と職員、地域住民が力を合わせた例を紹介します。戦後すぐに設立され長い歴史をもつその私立保育園に、廃園計画が持ち上がっていると聞き、保護者と職員、卒園児やその親たちが集まりました。何度も話し合いを重ね、地域に知らせながら、法人と自治体に存続を訴え、当初の廃園方針から、別の法人を探して存続するという道にたどり着きました。仕事を終えてから集まる会議は、保護者は預け先を失う不安を、職員は職場をなくす不安を抱えて、ときに先の見えないものになりました。しかし、話し合いのなかで保護者が「この保育園の今の保育を続けてほしいんです」と発言したことが、ターニングポイントになりました。民営化を経験していた職員が、「その保育園の保育は、保育士が子どもたちとつくってきたものです。誰でもいいわけではない。保育は人なんです」と話すと、保護者は「そうですよね。保育は人なんですよね。だから、先生たちに残ってほしいんです」と言いました。保護者が園の保育を信頼し、この園の先生たちでなければだめなんですと訴えるような関係性は、先の見えない運動のなかで、ちいさな光となりました。つながり認め合う関係が、保育園を残そうという共同の運動へと道を開いていったのです。

園の危機は、苦情や廃園にかぎらず、さまざまな、あらゆる場面で起こります。そんなときこそ、日頃から大人同士がつながっていること、保育の質を高める努力をしていることが問われます。さらに、子どもたちにとっては、大人たちがつながろうとする姿は何よりの学びです。意見が違っても、少数意見を尊重しながら話し合って妥協点を探っていく。私たち大人が子どものためにつながろうとする姿を子どもたちは見ているのです。

保護者にはわが子を預ける園であり、住民には地域になくてはならない公共の施設であり、職員には保育という大好きな、生きがいをもたらす仕事の場であり、子どもたちとともにつくってきた私たちの園であるという思いが、大人たちをつなげます。

大石英子実践「地域とともに育ち合う保育園をめざして」（聞き手・まとめ柿田雅子）は、地域に愛される園になろうと努力することで、職員集団としてもつながり支え合う関係になっていくようすが描かれています。実践者が過去に公立保育園の民営化を経験したこと、そのときに感じた悲しみやくやしさが、この実践につながっていることも忘れてはいけません。今も全国の保育者や保護者が、自分の園を失う悲しみに直面しています。この実践は、民営化の理不尽に対して、大人がつながることの大切さを伝えるエールともなっています。

一人ひとりがつながりにくいと思われている現代社会で、園は大人も子どももつながり合う場になり、居場所となる可能性をもっています。大人と大人と、子どもとで形作られる三角形が、ここにもそこにも点在する、そんな社会になったらどんなにすてきなことでしょう。そして、三角が五角形や六角形になるように、かかわりが広がり深まって、大人も子どももいっしょに育ち合う関係になっていけたらと思います。ほんの少しずつ前に足を踏み出してみてください。隣りのその人に声をかけてみてください。大人と大人は、子どもたちの存在を支えに、つながり合うことができるのです。

（伊藤真咲）

実践
保育者集団

子どもの願いがつないでくれた

世田谷区・
公立保育園
伊藤　真咲

その年、担任していた1歳児クラス15名は、ベテランのリーダーと中堅の私、そして4年目の若手の3人で担任していました。

これが目標

年度も半ば、10月初めの2週間。運動会の係だった私は、準備のためにクラスの保育を抜けさせてもらうことが多かったのですが、そんなある日「いいとこ取りみたいで申し訳ないんだけど…私、最近とむくんと仲良しなんだ」リーダーの後藤先生が言いました。

私は、ほんの少しやきもちを焼き、そしてたまらなくうれしい気持ちになりました。

私と後藤先生は、昨年も、一昨年も行事や係のことで何かとぶつかった間柄でした。クラスをいっしょにもつのは初めてで、いかにけんかをしないで一年を乗り切るか、これが私にとって今年の最大の目標というなんとも情けないのですが、しかし真剣な一年のスタートだったのです。

大変な子

とむくんは、そんな5月に入園してきました。入園して1週間が経つと、とむくんは友だちにタックル、後からは羽交い絞めをし、手加減はありません。天性のラガーマンといった感じで、14人の新入園児が、どうにかこうにか落ち着いたと思われた5月、彼の登場はなかなかセンセーショナルなものでした。

とむくんは、感情表現もアスリートのようで、気持ちを表す泣き声、ときに叫び声、鼻の頭に汗の粒を噴き出させ、全身を震わせるのでした。大変な子が入ってきた。クラスに穏やかなときが流れ始めていただけに、とむくんへの目は厳しいものになりました。

友だちにのしかかっていると、はがして「いけないことよ」と言って聞かせます。叫び声や泣き声は、やかましいなあ、と苦笑い。または「泣いてもダメなときはあるの、覚えて」と、これまた言い聞かせられていたのです。

しかしここで、とむくんへのかかわり方を提案できるほど、私はとむくんのことを理解できていません。そして何より、職員間の信頼関係ができていなかったのです。突然の（このときはまだ、突然としか思えませんでした）タックル、泣き声の激しさが何を表現しているのかわかりたい、その気持ちがあるだけでした。

まずは、とむくんこんな気持ちかなあ、と思いつくところを言ってみます。ますます汗の粒が噴き出せば、それならこっちか？　と探ってみます。うんうんとうなずいてくれて、そうだったのかあ、と互いに力の抜けることが増えてきます。

わかりたい、という気持ちと好きはほぼ同義語と言っていいと思うのですが、私の好きはとむくんに伝わったようで、後追いをして泣くようになりました。

まあ、この泣き声がまた激しいので、他の担任にはかなりご迷惑です。7月、担任3人での話し合いで「とむくん、伊藤先生の担当にしたらどうかと思って」と切り出されました。

これまで、担当制はとってきていません。2週間、私のおんぶで過ごしたしおんくんや、後追いして、しまいには他の担任を「きらい！」と言って泣き続けたくるみちゃんへは、どうしたら仲良くなれるか、そんな思いをもってくれていたのに。

私は、これから職員の夏休みが入ってくるので、実質担当制はとれないことを理由に断ったのですが、内心悔しいというか、悲しいというか、何とも言えない気持ちでした。けれど、今年は悲しいで終わらない。私は決めていました。

「それにしてもとむくん、どうして（友だちのこと）羽交い絞めにするんですかね？」「タックルするときって、どんなとき？」

理解したいという自分の気持ちに共感してもらう、いっしょに悩んでもらう。これでとむくんへのネガティブイメージを何とかしのげないか。とむくんの行動は、何か彼の願いや関心の表れであるはずで、私たちがそれを見い出せていないだけなのですから。

願いを見つけた

夏の盛りを迎えたころ、とむくんは友だちの使っている物を取ろうとすることが多くなりました。「とむくん、その電車はひゅうごくんが使っているでしょ」「ほら、ひゅうごくん、いやだって泣いてるよ」

そう言われて、とむくんはキョトンとしています。だって欲しかったんだもん！とは、とむくんの顔は言っていません。そうではないようです。線路を走る電車は、走らせている友だちも含めてとむくんの好奇心の対象のようです。友だちを介して「動くもの」だから欲しいのです。タックルや羽交い絞めも、あまりの激しさに見えづらいけれど、やはり友だちへの興味の表れのようなのです。ここまでくれば、とむくんの願いをことばにできます。

私は一つひとつの場面を、とむくんとともに読み解いていくことにしました。

「とむくん、もかちゃんのこと好きなのかあ。そうかお隣したかったのか。そんなときは入れてって言うんだよ。よーし、いっしょに言ってみる？」ことばにして周りの大人と子どもに聞こえるようにはっきりと。

そんなかかわりが繰り返され、とむくんの鼻の汗粒が減ったのは、秋の訪れの為ばかりではなかったと思います。

「とむくん？　あーわかった、けんちゃんと同じ電車が欲しかったのね。同じのここにもあるけど…とむくんはけんちゃんが使っているのが欲しいんだもんね」

とむくんの気持ちを代弁することばが、保育室のあちらこちらで聞かれるようになってきました。「とむくーん、なんでそんなに叫ぶかなあ、ちょっと待ってて、叫ばなくてもわかってるから、大丈夫！」代弁まであと一歩、ということばもまたよしです。

とむくんとじんたろうくんを両脇に抱え、「スクワット～！」と筋トレをすると、2人がおもしろくて楽しくて仕方ないと笑い合います。『さんぽ』の曲にのって歩き、手をつなぎたくて差し出した手を、もかちゃんが握り返してくれると、もうたまらなく幸せで、膝の上がり具合が違います。とむくんはタックルでも羽交い絞めでもなく友だちへの関心を表し始めました。

「とむくん、この時間（昼食前）になると泣くよね、どうしてかな？　食べることあまり好きじゃないのかなあ？」担任みんなが、とむくんの泣き声の意味を探し始めたころには、とむくんは運動会の準備でクラスを抜ける私を、投げキスで送ってくれるようになっていました。

●願いが叶った瞬間

しおんくんが電車を2両つなげています。つながったことが嬉しくて「つながった」とつぶやき、笑顔で教えてくれてから、電車を手に部屋を満足の闊歩。それを見て、とむくんがいいなーの表情でやって来ます。ほしいのねーという私の目と目が合うと、最近覚えた魔法のことば「かして」を言ってみます。しおんくんはもちろん〝いやだよ〟と半身《はんみ》の姿勢。「しおんくん使っているからねー、そこに同じのあるけど、どう？」と指さすと、〝ああ確かに！〟と手にして、しおんくんに見せました。

2人の目が合っています。

私が「同じだね～」と言うと、しおんくんが「おんなじ～」と繰り返します。とむくんが、うんとうなずき、2人で電車を走らせます。しおんくんが少し前を、とむくんは少し後から。2人の目が合っています。「いっしょは嬉しいねえ」と声をかけると「おんなじ～」「いっしょ～」と2人。もう電車は、友だちを介して動くものではなくなっていました。友だちは友だちであり、電車は電車。自分が動かしたいと働きかけることで動くものになっていました。とむくんの願いが叶った瞬間でした。

そしてそれは、私の願いが叶った瞬間でもありました。その日、私が「今日、とむくんとしおんくんが！」と話すと後藤先生が「そうだよね！　とむくんのあそび方、変わってきたよね！」応えてくれたからです。

私たちはそれから、寝息をたてる子どもたちの横で連絡帳を書く手をふと止めて、「ななちゃん今日、怒ってたね～あのとき（ななちゃんは）何て言いたかったの？」と、わかりたい気持ちを投げかけ合いました。

「今日、ひゅうごくんとけんちゃんが、ことばになってないんですけど、何て言っているのかわからないんですけど、会話してたんです！」出会えた場面を共有したいと願います。

私は思います。子どもの願いが私たちを変えてくれると。子どもの見え方を変え、私たちの関係をつなぎ、成長させてくれるのだと。私はこれからも、子どもの願いを探し、よろこび合う職員集団をつくっていきたいと思います。

実践
保護者・地域
施設運営

地域とともに育ち合う保育園をめざして

渋谷区・
笹幡保育園
大石　英子

●はじめに

現在の保育園は、これまでの「保育室」から移設し、開園したばかりです。園の前身は、希望する認可保育園に入れない〝待機児童〟を対象にした、自治体設置の「保育室」でした。認可園の入園が可能になると、子どもは年度の途中でもそちらへ移っていきます。よろこばしいことではあるけれど、ようやく保育室になじんだころに転園するのは、子ども、保護者、保育者ともにさびしさを感じるものです。

保育室は、特定非営利活動法人ワーカーズコープが受託し、0～3歳児を約50名、受け入れてきました。待機児童の状況に合わせてつくられた保育室なので、存続は暫定的でした。

保育室運営に込めた思い

私は、かつて公立保育園に勤務し、保護者といっしょになって築いてきた保育とその歴史に誇りをもっていました。高い評価を得ていた公立園に起きたのが民営化問題です。

保育者、保護者一丸となって、園と保育を守る運動に取り組みました。語り合って論じ合って、それは朝方まで続くこともありました。署名活動は、みぞれが降る中でもおこなわれ、それほどがんばったのに、民営化を止めることはできませんでした。日本で最も早い民営化であり、それから堰を切ったように各地で民営化が進むことになります。そのときの思いをどう表現したらよいのでしょう。失望感、挫折感、園を守れなかったことへのただ申しわけなさ。口惜しくてたまりませんでした。

それについて、後に法人の理事長にこう言われました。「保護者や地域といっしょに運動に取り組んだというけれど、一軒一軒と結ばれるように、しっかりと住民の中に入っていったのだろうか。そうしていれば住民が民営化をよしとはしなかったのではないだろうか」

そうなのかもしれない。保育室の責任者として運営にかかわるようになったとき、地域に大事にされる保育室にしたいと心底思いました。地域の人たちに「自分たちの園」と思ってもらえるような保育室にしたいとの願いを強くしました。法人は、さまざまな人々と協力・協同し、ともに育ち、育てる保育をめざしています。

保育室と地域との交流

保育は、散歩など戸外の活動を大事にしました。商店街ではお店の人たちとことばを交わし、親しく交流しました。仲良くなったお店のおばあちゃんに、子どもたちが歌をうたって聴いてもらうこともあります。おぼえたばかりの歌をうたい、聴いてもらうのがうれしい子どもたち。どこか誇らしげ。出演2歳児の路上ライブに歩行者も足を止めます。商店街の方たちとは、保育室から保育園への引っ越しが決まった際に、「手伝いに行くよ」と言ってもらえるような〝仲〟になりました。

地域の一員として町内会にも加入しました。

一方、住宅街の中にある保育室には「子どもの泣き声がうるさい」との苦情が寄せられます。そのたびにお宅をたずね、またそうでないときにも伺って、話を聞くようにしました。声に出してもらうのは大事です。そうすれば応えることができ、保育室を理解してもらうきっかけにもなるからです。ビクビクしないで、対話することを大切にしました。わかってもらえるようになると、頼りになる支援者、仲間が増えることになります。

職員の話し合いを積極的にすすめる――「集まろう、話そう、わかり合おう」

園内でも対話を重視しました。定例の会議では、カリキュラムや保育検討が主になり、それ以外に話し合う時間をつくるのはたやすいことではありませんが、子どものこと、保護者のこと、「なんだか悩んでいるみたい」と同僚を心配し、「集まりましょう」と声をかけ合って、話し合う場をもつ努力をしてきました。

ケガやアレルギーがある子どもの食事で誤食が起きたときは、当該職員だけでなく全職員で話し合い、状況を理解・共有するようにしました。その場合には、子どもへのていねいな対応はもちろんのこと、心配や不安で胸がつぶれそうな思いでいる保護者に、担当ではない職員からもお詫びや今後、気をつけていくことなどを伝えるようにこころがけました。保護者に安心感をもってもらう対応につながり、職員間の相互理解を深める話し合いはとても大事だと感じています。

保育室から認可保育園へ

認可園の入園が決まって転園していくときに「この保育室が大好きでした。小学校に上がるまでここにいられたらいいのに」と言う保護者が多くなりました。新たに入室する方に「いい保育室だと紹介されて来ました」と言ってもらうこともあります。そうした声がだんだんに増え、保育室を認可保育園にしてほしいと、保護者が自治体に働きかける動きが生まれました。保護者会の組織があるわけでなく、保護者同士、顔を合わせる機会も多くはないなかで、保護者が保護者に呼びかけて署名を集め、自治体に要請したのです。その一環で保護者主体のフリーマーケットなどが開催され、つながりが深まっていきました。

そうして「ここで育ち、卒園し、入学を迎えたい」と願う保護者の要望は実現します。保育室は閉室となり、０歳から5歳までの定員１２０名を超えるワーカーズコープ立認可保育園への移行が決まったのです。

この秋、保育室から歩いて15分ほどの所にある保育園に引っ越しをしました。静かな住宅街です。近隣の方からは、早々に園の保育や運営に関する注文・要望が出ています。課題はたくさんあります。ですが希望も見えます。失敗をしながらも、これまでわかり合う大切さを学んできました。その経験を生かせば、園も地域もともに心地よい居場所にしていくことができるのではないかと思っています。

経験と学びの底流には、公立園の保育をなくしてはならないと精一杯取り組んだあの仲間との日々があり、耳を澄ませばその息づかいが聞こえてくる気がします。

保育も運動も発展していきます。

（聞き手・まとめ　柿田雅子）

実践
保護者会
活動

大人だってつながりたい

つくば市・島名
杉の子保育園
中井　史絵

知らない土地ではじまった保育園生活

7年前、夫の転勤に伴い新しい土地での生活がはじまり、0歳児の子どもは近くの保育園に入園できました。親戚も友だちも一人もいないつくば市という街で暮らすこと、ここから毎日東京まで通勤すること、そんななかで仕事に復帰すること、そして、それらと同時に子育てすること…など不安だらけでしたが、保育園に入れば何とかなると、かすかな期待を胸に入園式に参加しました。

待ちに待った保育園生活が始まりました。しかし、慣らし保育が終わって通常保育になったとたん体温は37度5分に上昇、以降、毎日が体温計とのたたかいで、保育園に行けない、復帰したのに仕事ができない、スタート早々苦難に襲われました。保育園に1週間通えたら表彰状もので、送迎時間が異なるとこんなにもクラスの保護者や担任の先生に会わない、いや会えないものなのか…。孤独や焦りで、心身ともに疲労困憊の日々が続きました。

いろいろ参加するなかで孤独感が解消され…

日常をこなすだけで精一杯の保育園生活を送っていたある日、担任の先生が「お母さん、『ちいさいなかまのつどい』という誰が参加してもいい場所があるよ。保育もあるから、夕方よかったら参加してみて」と声をかけてくれました。それは、どのクラスの保護者でも参加でき、保育者と保護者向けの月刊誌のなかからテーマを決めて話し合う会でした。そして、それが開かれる日、いつもより早くお迎えに行って参加することにしました。テーマ以外でもいろいろ話すことができ、他のクラスのお母さんや担任以外の先生と普段はなかなか話せないことも話すことができて心がほぐれました。以降、参加できるときは必ず参加することを心掛けました。

相変わらず、家事と育児と仕事に追われる日々が続いていましたが、とにかく1年1年、子どもといっしょに保育園生活を楽しみたいという思いで、行事や父母会に参加し、夫にもおやじの会への参加を促しました。その結果、子どもの悩みを話せる人、園外にいっしょに親子でおでかけできる人、お迎えの時間に話せる人など、友人とも仲間とも呼べる人が増え、最初のころに抱えていた孤独感はいつしか解消されていました。

覚悟を決めて手を挙げる

この保育園では、3歳児クラス以上は、保護者が行事の実行委員か本部役員を担当することになっています。

本部役員の構成は、会長1人、副会長4人、事務局2人、書記2人、会計1人、相談役1人です。3歳児クラスのときは、バザーの実行委員を担当しましたが、メンバーにも恵まれ、会議や準備作業に楽しく取り組めました。でも、本部役員になると毎月1~2回は会議があるし、やることがいろいろあって大変…という声を耳にしていたので、4歳児クラスでは行事の実行委員になろう…とひそかに考えていました。でも、そんな声が広がるくらいですから、率先して本部役員になる人はなかなかいません。そして、事務局の1人は決まったがもう1人がいないと聞き、覚悟を決めて手を挙げました。

そんな経緯で事務局に入ったのですが、前の事務局の方から仕事を引き継いだとき、やらなければならないことがこんなにあるのかと愕然として、さっそく後悔しましたが、後の祭りでした。

大変だけど楽しい

初めての会議は不安だらけでしたが、もう一人の事務局の人がメインの「長」を務めてくれることになり、気持ちが少し楽になりました。実際、その人はバリバリ仕事をしてくれました。その姿を見て、「手を挙げたんだから、私もがんばるぞ、任せきりにはしないぞ!」と意欲がわいてきました。

4~7月には行事がいくつかあって、毎月の会議は、行事準備の進捗状況などの全体把握、保育園との調整、他の委員や役員への確認や報告などで超多忙でした。ラインもひっきりなしに来るのでお盆のころまでは落ち着きませんでした。私は、子どものお迎えがほぼ最後なので、普段はごく一部の保護者としか顔を合わせられません。朝はとにかく急いでいるので話す時間もとれません。でも、事務局に入ったおかげで他クラスのお母さん、お父さんと連絡をとり合うようになり、そこから新たな交流がうまれました。

9月を迎えました。8月は会議をおこなわないので、9月の会議はいつもより盛り上がり、あっという間に時間が過ぎていきました。その帰り道、「久しぶりに本部の人たちと会えて、話しができてうれしかったな～、でも、しゃべりたりなかったな～」という思いが込み上げてきました。私だけがそう思っているのかも知れないとも思いましたが、数日後、会長と事務局長と3人のライングループに、勇気を出して「飲み会をしませんか？」と書きました。会長から即座に「いいねー！」の反応があり、事務局長もすぐに「いつ？」と返してくれました。そこで、まず3人が確実に参加できる日を設定し、他のメンバーにも声をかけて飲み会を持つことにしました。

ひとりの「人」としてつながる

翌月、「親睦会」という名の飲み会を開催しました。本部役員であっても、温度差はあると思っていたので、企画者としては何人くらい参加してくれるかと心配でしたが、11人中10人も参加してくれました。とてもうれしかったです。

18時から終電を逃すまで飲み、大いに盛り上がりました。「どこに住んでるの？」「出身は？」「仕事は、何をしているの？」など、話は多岐にわたりました。少しは子どもの話しもしましたが、みんなが「○○のお母さん」ではなく、ひとりの「人」として関心や興味をもって話していました。それが心地よかったのです。週明け、参加した人同士が顔を合わせると「ちゃんと帰れた?」「楽しかったね、またやりたいね」と声をかけ合っていました。私も含め、みんな、心のどこかでそういう場を求めていたのかもしれないと感じました。そして、次の会議が待ち遠しくなりました。

イベント大成功

9月以降、行事は目白押しで、バザー、運動会、読み聞かせ会、なかよし広場と続きます。バザーでも運営を補助する役割があるのですが、役割分担などは夏祭りのときよりもスムーズに進みました。チームワークが高まったからです。

後半の一大イベントは、なかよし広場で父母会劇を披露すること。出演者は、本部役員だけではまかないきれないのでメンバー以外の有志にも参加を募るのですが、今回は出演してくれる本部役員が多く、他の保護者にも積極的に声をかけてくれました。みんなで盛り上げていこうという気運が高まっていることを感じました。出演できないお母さん、お父さんの中にも「練習には参加できないので、○○つくります」「○○が家にあったので、持っていきます」など小道具、大道具など準備に力を貸してくれる人がいてくれて、こういう人たちにも励まされました。

劇の練習は、みんなが楽しく参加していたので、その楽しさが子どもや見に来てくれた家族にも伝わり、会場が一体となって盛り上がりました。大成功でした。そして、そんな夜はやっぱり打ち上げです。参加者全員、出演者だけではなく、裏方の大道具、小道具さんも参加してくれました。夫婦での参加もあり、ここでも大いに飲んでしゃべって、交流の輪がさらに広がりました。

12月末、父母会が関係する行事もほぼ終わり日常が戻ってきました。でも、その日常がそれまでの日常とは違ったものになっていました。子どもの送迎でみんなに会えるという楽しみが生まれ、子ども以上に心弾ませている自分がいたのです。「おはよう！」と声をかけてもらえたり、車ですれ違ったときに笑顔で手を振ってもらえるよろこびを味わえるようになっていたからです。そんな日常がこんなにも居心地がいいものなのかと改めて感じました。

まとめにかえて

年度が変わり、私は、父母会長になりました。本部役員のメンバーもほぼ変わり新しいメンバーでの始動です。メンバーが変われば、1つのことを進めるやり方も異なるし、さまざまな思いがあり前年度と同じようにはいきません。会議も毎回、試行錯誤しながら進めている状況です。今、直面している問題は、外部団体が主催する会議への参加についてです。夜、わざわざ出かけて行って会議に参加するのはなかなかの負担です。課題は山積ですが、常にどうすればみんなが楽しく参加できるかをまん中に据えて父母会活動を進めていこうと思います。子育ても、子育てしながら働くことも、保育園にかかわることも楽しくありたいし、楽しむなかで保護者同士のつながりが生まれ、深まることをここで学ばせてもらえたのですから。

Part 3

保育のありかた

1 育ちに育つ幼少時代であるように——保育の質と制度・条件

ここまで子どもから大人の相互にかかわって育つ集団づくりの実践を紹介してきました。こうしてみると保育は、子どもも大人もその身を丸ごとさらしてわかり合い、育ちに育つ子どもの6年間をつくり支えるものであることがわかってきます。暮らしを横糸に、育ちを縦糸に、人の手により願いを紡ぐ保育という営みは、〝人間らしい活動の積みあげ〟を意味する「文化」であるともいえるでしょう。1篇ごとの実践には、かけがえのないこの時期のゆたかな育ちへの願望が込められています。

けれども今、保育の現場は、努力すれば望む実践が叶うというような状況にありません。たりない施設をつぎはぎでおぎない、その結果、都心部では庭のない、手狭な保育施設が急増し、北向きのビルの1室が保育室、というような状態はめずらしくなくなりました。保育者が受けもつ子どもの定数の多さは先進国にはみられないことであり、無資格の保育者でもよい、栄養士や看護師はいなくてもよい、営利目的の企業が運営してもよい、などの不備な制度に、長時間労働や低賃金、管理的な施設運営などの条件が加われば、保育はすさみ、それどころか、子どもの命の保障さえおぼつかなくなります。

保育実践には、保育の制度や条件が大きく影響します。受けもち定数を減らす、支援を要する子どもに専門職員を配置する、などは、子どもにとっては、十分ではない自分たちへのかかわりをまっとうなものに近づけさせるということであり、それへの予算は、子どもの人権を守るための必要経費です。それらを実現させてきた公立園をなくす動きは、全体の保育条件のさらなる悪化を招きます。

笑って。先生、笑ってよ。あたりが夕闇につつまれるころ、疲労で笑顔も消えかかる保育者に4歳のともこちゃんがいいます。満ちたりた今日と待ち遠しい明日があっての、1日の終わりではありませんか。

2 保育のなかの「養護と教育」

保育とは

今や保育園に通う子どもは激増し、保育は社会の身近な関心事になってきました。保育とは、「乳幼児の心身の発達を目的とする、養護・教育」のことであり、養護・教育の「一体化」によって保育は営まれます。乳幼児が対象なのですから、この時期の教育は「教師主導の教科・一斉学習」である小学校教育とは異なります。子どもの自発性に応え、あそびや生活のあらゆる場面での働きかけによって発達・成長をうながすのがこの時期の教育です。

さて国の保育の方向づけは、『保育所保育指針』（以下、指針）によって示されます。今の指針は、小学校教育の〝教育改革〟に合わせる内容に改定されています。養護と教育の一体化が大事、この時期独自の教育が大事、としながらも養護と教育とを分け、その「教育」には小学校につながる内容がセットされました。今、小学校は、学習内容が増え、子どもも先生もやることが多すぎて、それをこなすのに四苦八苦の状況があります。休み時間は鼓笛の練習にあてるとか、給食は会話禁止で20分以内にすませるとか、親までが宿題の丸つけにかり出される現状です。それにすばやく適応する子どもを育てることが「教育」の名によって保育に要求されているのです。小学校教育を1年早めるかのようです。

保育のなかの「教育」がかわり、その重視によって、「養護」の軽視やおかしな「一体化」がみられる昨今です。数コマの学習を専門講師が指導し、保育者はそのつなぎを担当するとか、子どもに食事を食べさせるのは養護担当者で、その子に偏食のきざしがみられたら教育担当者に変わるなどはその例です。

保育は、質も形も問われる現状にあります。その日の仕事をこなすのがやっとこさの保育現場ですが、実践を持ち寄って保護者や関係する人々と乳幼児の育ちや学びを語り合い、今日からの保育を確かめていく必要があるのではないでしょうか。

「養護」がたどった道、養護の重要な役どころ

1939年の東京・戸越保育所の保育案は、「清潔、食事、排泄、着衣、睡眠」を保育の基本にすえました。現在の指針には、養護の基本的事項に「生命の保持」をあげ、同じく「食事、排泄、衣類の着脱、清潔、睡眠」をおいています。保育のなかの「養護」は、項目も内容も変わらず、国のガイドラインにまで位置づいて現在に至ります。子どもの育ちをよくみて、保育の内容を整理・分類し、系統化や構造化をはかった私たちの先輩の目利きの確かさには驚くばかりです。

日々繰り返される養護行為は、養育者に「される」ばかりの受け身の子どもから、自分で「したい」と主張し、自分で「する」子どもを育てていきます。ていねいな養護は、子どもを身辺自立に向かわせ、子どもが自分の生活の主人公になることをうながします。教育学者の大田堯さんは「教育の目的は人を一人前にすること」と述べました。自分の身の回りのことを自分で対処できるようになるということは、生活において子どもが一人前の子どもになることでもあります。

年齢が幼ければ、知る、わかる、という学びは養護の分野にかかわることが多いものです。例えば、1歳前後の子どもの食事場面。「スープおいしいね」「ゴックンしよう」「トマト赤いよ」「おとうふやわらかいね」「キュウリぽりぽり」「ひとつ食べてみよう」など、応答の関係があることによって、五感が育ち、食材の名前や色、形、数のかぞえ方を子どもは具体的に知っていきます。自分で食べてみようと、手指を運動させる力も育ちます。養護を通しての学びに注意をはらい、そうした保育が大事

にされなければならないでしょう。

身辺自立から「自分たち」による協同の生活・クラス運営活動へ

3歳頃からの身辺自立がすすむと、子どもの関心は、仲間との生活において「自分たち」のことを「自分たち」でこなす協同の活動へと向かいます。大人がしていた養護行為を当番・係活動に仕立てて自分たちで担っていくようになります。子どもにとって実にわかりやすく、きわめて具体的な養護体験を足がかりにして、社会や協同を学ぶ下地がつくられます。

子どもが成長するにつれ、養護・教育の姿かたちや関係は変わるものの、乳幼児期の「養護・教育は一体」であるという原理原則を歪める保育であってはならないでしょう。施設・制度・法律の別なく、この時期のすべての子どもに手ぬかりなく養護を保障することが求められます。

戦時下の母親制度——すこやかな成長は平和あればこそ

戸越保育所は、戦時下、空襲から子どもを守るために地方のお寺に疎開した苦闘の歴史をもちます。寒さや空腹、つのる不安は子どもたちの心身をむしばみ、若い保育者集団は文字通り必死で保育にあたりました。さびしさの穴をうめ、情緒が安定するようにと編みだされたのは、母親制度という担当制でした。全身全力をもって保育に挑んだ、先駆けの、数々の試みと実践の先に今があります。

子どものすこやかな成長は、平和あればこそ、です。戦争に突き進んだあの時代、気がつけば国策に従うしかない体制の社会になっていました。児童中心主義を掲げ、教育は子どもの生活の中にあると主張した、幼児教育の父ともいわれる倉橋惣三は、全国の幼稚園に向かって軍国の保育を提唱し続けました。それについては、著作の出版刊行にあたった編集委員が、「少なからず超国家主義的な陣営からの圧迫を受けたが、やむをえない譲歩をしながらも、彼は幼児教育本来の道を守りとおした」（『倉橋惣三選集第1巻まえがき』）と解説しています。譲歩をしなかった人たちもいました。

もし、その時代に自分が生きていたとしたら。何もやれはしないだろうと想像します。でも今なら、そうした時代に後もどりしないために、こんな自分でもできることがあるのではないだろうかと考えます。

それは、ふだんから主体的に考え、対話し、意見を表明し合い、手遅れにならないように発端に注意すること。子どもたちがこうむった悲惨や理不尽が教えてくれていることです。

3 「非認知能力」導入をめぐって

「非認知能力」導入のねらいは何か

就学前の子どもに「非認知能力」を育てよ、と国が提示しています。学校教育の『学習指導要領』には、資質・能力の項に「学びに向かう力・人間性等」があり、そこにつながるものとして「非認知能力」の育成が保育指針に盛り込まれました。子育て家庭向けのテレビ番組や雑誌も盛んに取りあげ、解説には指針作成にかかわった研究者も加わります。

「非認知能力」とは何なのでしょうか。先の解説を集約すると、言い方はさまざまですが、「やる気、意欲、粘り強さ、目標に向かってがんばる力、人とうまくかかわる力、感情をコントロールする力」など「前向きの力」のことであり、知能検査や学力テストでは測定できない「内面」の力と説明しています。「感情や心の働きに関連する能力」と説明する向きもあります。それなら、これまでの保育で大事にしてきたことばかりのように思われますが、今さら持ち出すのはなぜでしょうか。その理由は、特定の力を抽出して特定の使い道に役立てようということにあります。

これまでの研究では、幼少期のより良い保育は幼少時代にとどまらず、その後の人生や社会の発展につながることが報告されています。アメリカの就学前プロジェクトの試みに代表されるように、保育のその後を追って大人になるまでを追跡調査した結果、人の育ちには認知力だけでなく、それを超える力の存在がものをいい、それは経済さえも潤すと分析されました。アメリカの経済学者、ジェームズ・J・ヘックマンは、この認知力を超える力を「非認知力」と名付け、「社会的・情動的スキル」とも称して、経済学の分野から幼児教育を語りました。その提唱は、提唱者自身も望んでいるようにおおいに議論しなければならないものです。

しかし、どこでどれほどの議論が交わされたのか、日本では「非認知能力が人生を成功に導く」というフレーズに財界が注目、その意向を反映する国の保育指針に、やにわに盛り込まれたのでした。「あくまで目標の達成までがんばる姿勢を身につけること、我慢できることが大事」なのであり、これからを「生き抜き」(「生きる」でなく)、将来の成功者になるための必須の「能力」であると位置づけています。ここに日本の保育が長年大事にしてきている、人間らしさを築き育てる意味とは異質のものがもち込まれたと解釈することができます

みんながかしこくなる

テストの結果や学歴によって一切がっさいが決まるような風潮のなかで、子どもの育ちにはもっと大切なものがあるでしょうと、あそびや仲間とのかかわりをはぐくんできた日本の保育です。ひと言

でいうならその子の丸ごとをとらえて人間らしさを育てるということです。この本の実践記録にあるように、言い合ったり泣いたり笑ったり、簡単には答えが出てこない、さまざまなやりとりをぐって、みんながかしこさを手にするのです。指針の作成者は「将来を見すえて子どもに成功体験を」と続けますが、その成功者にはどの子もが、なれるのでしょうか。学校教育や保育には政財界の考えや要求が色濃く反映します。いまや教育に課せられた使命は、利潤と効率を求めて激しさを増す競争に打ち勝つ人材を育てることにあります。競争と評価の対象は、もはや「資質（人間性）」にまでおよびます。

人間的なる力、つまり人間らしさを育てるのと、生き残りをかけ、荒波を泳ぎ抜くための能力を身につけさせるのとでは、わけもかかわり方も違うのです。仲間と幸福感を共有する体験をもつ子どもは、大人になってもその喜びを大切にします。『子どもは大人の父である』（ワーズワース）。あきらめないとか、粘り強いとかは、何に向かって何のために発揮するものなのか。そこに子ども観、保育・教育観、社会観までもが示されます。

「現状を見つめる・改善する」が先にありき、ともにありき

ジェームズ・J・ヘックマンの提唱は、技能労働者と単純労働者の両極化、逆境にあるひとり親家庭、貧困にあえぐ大勢の子ども——と、アメリカの格差社会や人々の厳しい暮らしを直視し、その改善策を保育の充実という公的投資に求めたことにあります。いわば経済政策です。その根拠に用いた「就

学前プログラム」の試みには、そもそも十分な保育予算が組まれました。ここを素通りして効果を語ることはできません。劣悪な環境では育ちようのない力を花開かせたのは、それを可能にする良好な保育条件でした。

たとえば恵まれない家庭の子どもと親をも対象にした「環境改善」プロジェクトの担当者の受け持ち数。生後4か月から8歳になるまでの間、続けられたあるプロジェクトは、当初は子ども3人に対して大人が1人、その後は育ちに応じて6対1となります。

日本の保育者1人あたりの受け持ち数は、3歳児なら20人、4・5歳児では30人。子どもの保育とともに保護者への対応や地域の子育て支援も、重要な仕事の一環です。

さらにまた「非認知的特質」を育てることに重点を置いたプロジェクトでは、子どもの自発性を重んじる活動が中心でした。

このような実体や改善にふれることなく育成や成果をいうのは公正ではありません。

あきらめずに議論する

冒頭の「非認知能力」の解説者が、これはあいまいなことばです、と言っているように、たしかに人によって「非認知能力」といったり「非認知的能力」といったり。そのとらえ方も、非認知の「能力」なのか、それとも認知能力にあらざるもの、すなわち内面そのものである「感情や気持ち」のことなのか。

ことばも概念もよくわからないのが実態です。

感じ方や感情、気持ち、心の動きをさす「内面」は、本来、外から見て「あきらめない気持ち40点」とか「やさしさBランク」などと点数化やランクづけをすることはできません。けれど学校教育の場では、「学びに向かう力・人間性等」や、子どもがどう思ったか、どう感じたか、を記述式にしたり評価可能な項目に移したりして評価をします。この「学びに向かう力・人間性等」を非認知能力として保育の場にもおろし、また評価につなげていくのでしょうか。

人間は、いつも前向きでがんばり続けられるわけではありません。ゆるゆる、ブラブラ、ほおづえついたり道草くったり、弱気にもなれば引くこともあり、どれも意味があって、だから人間なのであり、そうして力をため込んでもいるのです。国連子どもの権利委員会は、日本の子どもが幼いときから過度の競争のなかにあって、余暇がないと繰り返し指摘し、政府に対してその改善を勧告しています。

まちがえずに、チャッチャとわかって、粘って、成果を出す、って。神のようです。子どもの育ちや人生にまでかかわることが、あまりに安易にあつかわれているのではないでしょうか。

推し進めたい経済の渦にまき込んで、落伍者になるぞと保育・子育て家庭を不安がらせ、あおって押しつけるようなやり方は、多くの弊害をもたらします。大人は、子どもの声を聞き取りながら、大事なことは何かを、主体性をもって、あきらめずに議論して、みんなで粘り強く選びとっていかないといけないのです。それは、子どもに対する大人の本分ですから。人間の本質ですから。

4 人間の、遠い記憶の集団づくり

原始の役割分担と協同

牙もなく足はのろく力の弱いホモサピエンス、人間がなぜ今日まで生きのびてこられたのでしょうか。それは「仲間と助け合い、支え合ってきたから」というほかないでしょう。いのちの維持と継承になくてはならないもの、それは食料の確保と子ども・子育て。

食べ物にありつくには、狩りが必要です。マンモスをしとめるといったって、一人と一頭がガチンコで闘って勝てるわけがない。集団をつくるのは必然だし、けれどただ大勢でかかればいいってものでもなく、役割や分担が考えられて協働・協同の社会になっていったのでしょう。コミュニケーションをはかり、ねらう獲物の習性や気候だの地形だのを計算し、そのためには企画会議や振り返りの会が開かれたかもしれません。追い込む役目、待ちかまえる係。連携して、アイ・コンタクトで。もちろんリーダーがいたことでしょう。日本の狩猟をなりわいとするマタギの共同猟には、そうしたはるか何万年も前の狩りの原型を見ることができます。

生活が協同であるということは、子育ても「個」の範囲ではなかったでしょう。知恵の共有があり、みんなで子育てを分担するので「母」なるものの負担は少なく、採集などの活動がすすみます。

これらは、世界各地で発掘される遺跡から見えてきました。でもそんな大昔のようす、わずかなことしかわかりません。なので、ふと思います。女がマンモスと闘うチームの中にいたかもしれない、男が子どもの面倒をみたかもしれない、などと。

お互いの「弱い」をおぎなって

一人ではどうにもならないことがありすぎの環境のなかで生きるカギは、協同の助け合う社会にありました。それがあって生きられたということは、なかったら絶滅するということです。幾度も襲う寒冷期をなけなしの食べ物を分け合ってしのいだ私たちの祖先。見すてない。助け合う。人間的、人間性、人間らしさは、極限のなかで発祥し培われたものでした。弱い者同士だからとも、弱い者がいたからともいえるでしょう。全能の、強い人間は、一人で生きられるので他者の助けも存在も不要です。ただしその人一代限りの、後が続かない話ではありますが。「弱い」をおぎない、「得意」を生かして共存するのは、個人を救うとともに、社会に豊かさをもたらします。

原始の役割分担と協同は、人間と社会のおおもと、神髄です。その基本を集団づくり活動として保育はなぞり、今につなぎます。


（柿田雅子）

〈参考図書〉

・大田堯『教育とは何か』岩波新書　１９９０年
・宍戸健夫『日本の幼児保育　上』青木教育叢書　１９８８年
・汐見稔幸・松本園子・高田文子・矢治夕起・森川敬子『日本の保育の歴史』萌文書林　２０１７年
・久保つぎこ『あの日のオルガン』朝日新聞出版　２０１８年
・倉橋惣三『倉橋惣三選集』第１巻１９６５年・第４巻１９６７年、『幼稚園雑草（上下）』２００８年
※いずれもフレーベル館
・ジェームズ・J・ヘックマン　大竹文雄解説・古草秀子訳『幼児教育の経済学』東洋経済新報社２０１５年
・大宮勇雄『保育の質を高める』ひとなる書房２００６年
・教育課程研究会編著『「アクティブ・ラーニング」を考える』東洋館出版社　２０１６年
・熊谷達也『邂逅の森』文藝春秋　２００４年

おわりに

このたびは、本書を手にとっていただき、ありがとうございました。

おわりに、この本を作った私たち集団づくり部会の活動についてお伝えしたいと思います。

毎月の例会（学習会）と年に2回の合宿には、経験年数も職場環境も異なる、広く保育にかかわる者同士が集い、この本にあるような実践を持ちよって意見を交わしています。若手の保育者からは、はまってしまったかのように毎回、実践提案があります。例会にいけば必ずヒントがもらえる。そしてさっそく翌日の保育にいかすことができる。いい保育がしたい。いい保育者になりたい。それに実践を認め合う関係が心地よく、元気がわいてくるし。例会への参加の動機づけは、そういったところでしょうか。帰りの電車でいつも思うのは、「明日の保育が楽しみだなー！」ということ。話すより聞きたくて参加する人もいますが、個々のペースを大事にしつつ、一度は発言することを大事にしています。

本書には、さまざまなご意見があることと思います。ご意見をいただき、実践研究の発展につなげることができれば幸いです。例会にもおいでください。

集団づくり部会の活動は、私たちがめざす保育と重なります。「一人ひとりの主張を大事にしながら、このとらえ方はどうなのだろうか、もっと良い方法はないのだろうか、と話し合い、考え合っては実践につなげ、みんなが育っていく」。自身では気づかなかった視点で子どもをとらえなおすことも多く、さまざまな意見からひとつの実践がより深く、より広がっていきます。

半世紀以上も前に発足したこの部会は、当初から宍戸健夫先生のご指導をいただき、今日にいたります。教えていただいたことはどれほどあるでしょうか。今回の出版にあたっても懇切なアドバイスをいただきました。感謝申し上げるとともに、これからの変わらないご指導を願うものです。

この1冊には、活動の素地を築いた先輩たちの歩みや、また現在、子育てや介護などの事情で、例会への参加が困難な仲間の思いがこめられています。大勢の〝執筆者〟による刊行です。

本書の作成にあたっては、かもがわ出版の中井史絵さんが編集の労をとってくれました。中井さんには、編集だけでなく、集団づくり部会の仲間の一人として保育園保護者の立場による実践記録の執筆も担当してもらいました。ちなみに中井さんからの原稿はなかなかあがらず、編集者が「すぐに書きます」と度々言うような一風変わった景色の本づくりでした。でも「大事な本です。いい本にしましょ」と、ヘタる私たちを励まし、鼓舞してくれたおかげで何とかゴールできました。しなやかで強靭な中井さんの支えがあっての出版です。感謝です。

武藤綾子

プロフィール●全国幼年教育研究協議会「集団づくり部会」

全国幼年教育研究協議会の創立（1963年）以来、集団づくり部会では、「子どもは他者とのかかわりの中で育ち、集団の質を高めることで、一人ひとりのすこやかな発達が保障される」と考え、実践研究をすすめてきました。「しあわせな未来」を展望し、仲間との「しあわせな今」を大切に、かかわる力・つながる力に焦点をあて、活発な意見交流をもとに学び合いを深めています。

執筆者● 伊藤　真咲（世田谷区　公立保育園）
上田　隆也（所沢市　公立保育園）
大石　英子（渋谷区　笹幡保育園）
柿田　雅子（元公立保育園・実践女子大学・明星大学）
小林　加奈（東京都　公立保育園）
佐藤　　敦（東京都　公立保育園）
下田浩太郎（稲城市　厚生館 ひらお保育園）
白井　礼子（墨田区　公立保育園）
高橋　光幸（墨田区　公立保育園）
中井　史絵（つくば市　島名杉の子保育園）
永野　優華（東京都　私立保育園）
野仲由布子（東京都　私立保育園）
服部　敬子（京都府立大学 公共政策学部福祉社会学科）
武藤　綾子（東久留米市　公立保育園）
武藤　栄治（さいたま市　公立保育園）
油井　　恵（墨田区　公立保育園）

（アイウエオ順）

求めあい　認めあい　支えあう子どもたち
乳幼児期の集団づくり　視点と実践

2020年１月31日　第１刷発行

編　者／Ⓒ全国幼年教育研究協議会・集団づくり部会
発行者／竹村正治
発行所／株式会社　かもがわ出版
〒602-8119　京都市上京区堀川通出水西入
☎075(432)2868　FAX 075(432)2869
振替　01010-5-12436
印　刷／シナノ書籍印刷株式会社

ISBN978-4-7803-1065-8 C0037　Printed in Japan

「クラスだより」で響き合う保育

子どもと親と保育者でつながるしあわせ

高橋光幸・小黒美月／著

A5判、224頁、本体1500円

4歳児クラスで、1年間ほぼ毎日出された「クラスだより」を収録。あそびの実践がたくさん載っています。京都教育大の加用文男先生の解説付。

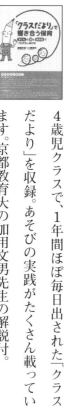